# Mathe-Bingo
## Grundlagen der Stochastik

**Das Mathe-Spiel für Schule und Zuhause**

Ulrike Schätz

für die Jahrgangsstufen 5 bis 10

C.C. BUCHNER

**Weitere Bände der Reihe Mathe-Bingo:**
- Mathe-Bingo 5/6 (BN 6055)
- Mathe-Bingo Algebra 7/8 (BN 6057)
- Mathe-Bingo Algebra 9/10 (BN 6059)

Mathe-Bingo/Grundlagen der Stochastik
Das Mathe-Spiel für Schule und Zuhause
für die Jahrgangsstufen 5 bis 10

verfasst von Ulrike Schätz
unter besonderer Mitwirkung von Dr. Rudolf Schätz

Bildnachweis: Deutsches Museum, München (43)

Dieses Werk folgt der reformierten Rechtschreibung
und Zeichensetzung.

1. Auflage [4] [3] [2] [1]   2007   2006   2005

Die letzte Zahl bedeutet das Jahr dieses Druckes.

Alle Drucke dieser Auflage sind, weil untereinander
unverändert, nebeneinander benutzbar.

© C. C. Buchners Verlag, Bamberg 2005.
Das Werk und seine Teile sind urheberrechtlich geschützt.
Jede Verwertung in anderen als den gesetzlich
zugelassenen Fällen bedarf der vorherigen schriftlichen
Einwilligung des Verlages. Hinweis zu § 52a UrhG:
Weder das Werk noch seine Teile dürfen ohne eine solche
Einwilligung eingescannt und in ein Netzwerk eingestellt
werden. Dies gilt auch für Intranets von Schulen und
sonstigen Bildungseinrichtungen.

www.ccbuchner.de

Grafikdesign:
Ines Müller, creo Druck & Medienservice GmbH, Bamberg
Illustrationen: Eva Schätz
Gesamtherstellung:
creo Druck & Medienservice GmbH, Bamberg

ISBN 3 7661 **6060** 5

---

## Liebe Lehrerin, lieber Lehrer, liebe Eltern,

**Mathe-Bingo** ist ein ideales und attraktives Mathematik-Trainingsspiel. Es kann verwendet werden

- sowohl unterrichtsbegleitend
  wie auch zur effektiven Wiederholung
- zur Festigung des Grundwissens – unabhängig vom Lehrbuch
- als mathematisches Fitnesstraining alleine, zu zweit, zu dritt, …
  oder auch im Klassenverband
- einfach so – denn so macht Mathe Spaß!

Mit **Mathe-Bingo – Grundlagen der Stochastik** wird der Stochastik-Stoff der Jahrgangsstufen 5 bis 10 auf 16 Blättern nach den Regeln des bekannten Bingo-Spiels trainiert. Diese Blätter sind auch zum Training, zur Wiederholung und zur Festigung des Grundwissens in der Oberstufe gut geeignet. Die angesprochenen Inhalte werden in allen Bundesländern – jedoch manchmal in verschiedenen Jahrgangsstufen – unterrichtet.

Prägnante Zusammenstellungen des nötigen Grundwissens und vorgerechnete Beispiele lassen den Einstieg in jede neue Trainingseinheit leicht gelingen. Die Schülerinnen und Schüler können unter Verwendung der **Hilfe-Blätter** neue Lerninhalte selbsttätig und eigenverantwortlich erarbeiten. Der Lernerfolg wird dann beim selbstständigen Bearbeiten des Bingo-Blatts sofort erlebt. Für die Erfolgskontrolle bietet ein Anhang die Lösungen aller Bingo-Aufgaben.

Mit **Mathe-Bingo** stellen auch Jugendliche immer wieder erfreut fest: Ich kann ja Mathe – und Mathe macht Spaß!

**Ulrike Schätz** ist Lehrbeauftragte für Fachdidaktik Mathematik an der Ludwig-Maximilians-Universität München und weiß aus ihrer Tätigkeit als Studiendirektorin an einem Münchner Gymnasium, wie man Schülerinnen und Schüler für Mathematik gewinnen kann. Bei den von ihr zahlreich veranstalteten Lehrerfortbildungen konnte sie bereits viele Lehrkräfte von der Arbeit mit dem **Mathe-Bingo – Grundlagen der Stochastik** überzeugen.

*Weißt du was?*
# Bingo
*macht Spaß!*

## Mit Mathe-Bingo zum Lernerfolg

**Um gut in Mathematik zu sein, musst du viel üben und trainieren – wie beim Musizieren oder im Sport. Mathe-Bingo ist ein Fitness-Trainingsspiel, das dir hilft, Mathe zu wiederholen und einzuüben – aber so, dass es auch noch Spaß macht.**

Wenn du alle 16 Blätter **Mathe-Bingo – Grundlagen der Stochastik** bearbeitet hast, bist du topfit im Stochastik-Lehrstoff der Jahrgangsstufen 5 bis 10.
Die Bingo-Blätter 1 bis 8 können schon in der 5. und 6. Jahrgangsstufe des Gymnasiums und der Realschule bearbeitet werden, eignen sich aber auch sehr gut zur Wiederholung und Festigung des **Stochastik-Grundwissens** in höheren Jahrgangsstufen.
Die Blätter 9 bis 16 enthalten die Lerninhalte, die nach den neuen Lehrplänen aller Bundesländer im Allgemeinen in der Mittelstufe behandelt werden.

**Das Mathe-Bingo – Grundlagen der Stochastik enthält:**
- **16 Bingo-Blätter** mit den zu lösenden Aufgaben
- zu jedem Bingo-Blatt ein **Trainingsblatt** zum Eintragen deiner Ergebnisse
- zu jedem Bingo-Blatt ein **Hilfe-Blatt**
- und natürlich die **Lösungen** aller Aufgaben.
- Im Anhang gibt es je ein Trainingsblatt als Kopiervorlage – falls du ein Bingo-Blatt mehrmals spielen möchtest.

Auf jedem der 16 Hilfe-Blätter wird der Lehrstoff des zugehörigen Bingo-Blatts kurz wiederholt. Du findest hier Erklärungen, vorgerechnete Beispiele, Tipps und Hinweise, wie man am besten an die Aufgaben des Bingo-Blatts herangeht.
Auf jedes der 16 Hilfe-Blätter folgt immer gleich das zugehörige Bingo-Blatt mit den zu lösenden Aufgaben. Auf der nächsten Seite, also direkt darunter, findest du jeweils ein Trainingsblatt, in das du deine Ergebnisse einträgst.
Du kannst **Mathe-Bingo** allein oder zu zweit oder auch zu dritt oder zu viert und sogar mit deiner ganzen Klasse spielen. Die folgenden Spielanleitungen sind erprobte Vorschläge, wie du **Mathe-Bingo** spielen und dir dabei mathematisches Wissen aneignen kannst. Aber natürlich kannst du dir noch weitere eigene Spielmöglichkeiten ausdenken.

*Viel Spaß und Erfolg mit Mathe-Bingo!*

# Spielanleitung

## So spielst du Mathe-Bingo alleine:

**für Einzelspieler**

Lege dir einen roten Würfel, einen weißen Würfel und deine Buntstifte bereit. Schlage das **Bingo**-Blatt auf, das du spielen willst, z.B. „Geschicktes Abzählen I". Wenn du dich bei diesem Thema sicher fühlst, kannst du gleich mit dem Spiel beginnen. Wenn du dich aber noch nicht sicher fühlst oder wenn du eine Aufgabe nicht lösen kannst, dann schaust du einfach auf dem zugehörigen **Hilfe**-Blatt nach.

Jetzt kann es losgehen! Du würfelst einmal mit dem roten Würfel und einmal mit dem weißen Würfel. Wenn du z.B. mit dem roten Würfel **2** und mit dem weißen Würfel **5** würfelst, dann gehst du von der linken unteren Ecke des Bingo-Blatts **zwei** Felder nach **rechts** und von dort aus **fünf** Felder nach **oben**. Du kommst so zu der Aufgabe „6! : (3! + 4!)" Jetzt löst du diese Aufgabe und trägst das Ergebnis „24" auf dem leeren Trainingsblatt (direkt unter dem Bingo-Blatt) in das entsprechende Feld ein.

Kommst du beim Würfeln zu einem Joker-Feld, dann trägst du auf dem Trainingsblatt kein Ergebnis ein, sondern markierst dort den Joker farbig. Kommst du beim Würfeln zu einem Feld, das du schon gelöst hast, dann darfst du so lange weiterwürfeln, bis du zu einem noch nicht bearbeiteten Feld kommst.

Wenn du alle fünf Aufgaben gelöst hast, die in einer Zeile, in einer Spalte oder in einer Diagonale stehen, dann siehst du auf dem Lösungsblatt nach, ob du alles richtig hast. Stimmen deine fünf Ergebnisse, dann schreibst du auf dein Trainingsblatt rechts oben **BINGO**. Sollte etwas falsch sein, dann streichst du das falsche Ergebnis durch und wiederholst diese Aufgabe.

So spielst du immer weiter. Du kannst das Bingo-Spiel fortsetzen, bis alle Aufgaben deines Bingo-Blatts gelöst sind oder bis du eine bestimmte Zeit (z.B. 30 Minuten) lang Bingo gespielt hast.

Du kannst bei diesem Spiel nur gewinnen: Deine Fitness in Mathe wird umso größer, je mehr Aufgaben du löst, je mehr du also trainierst.

Viel Spaß und Erfolg mit Mathe-Bingo!

# Spielanleitung

So spielst du Mathe-Bingo mit deinem Freund oder mit deiner Freundin:

**für zwei Spieler**

Legt euch einen roten Würfel, einen weißen Würfel und eure Buntstifte bereit. Schlagt das **Bingo**-Blatt auf, das ihr spielen wollt, z.B. „Geschicktes Abzählen I". Jeder von euch bekommt ein Trainingsblatt (vor Spielbeginn kopieren).

Jetzt kann es losgehen! Der jüngere Spieler (wir nennen ihn „Junior") beginnt und würfelt einmal mit dem roten Würfel und einmal mit dem weißen Würfel. Wenn Junior z.B. mit dem roten Würfel **2** und mit dem weißen Würfel **5** würfelt, dann geht er von der linken unteren Ecke des Bingo-Blatts **zwei** Felder nach **rechts** und von dort aus **fünf** Felder nach **oben**. Junior kommt so zu der Aufgabe „6! : (3! + 4!)". Jetzt löst Junior diese Aufgabe und trägt das Ergebnis „24" auf seinem leeren Trainingsblatt in das entsprechende Feld ein.

Wenn Junior eine Aufgabe nicht lösen kann, dann schaut er einfach auf dem zugehörigen **Hilfe**-Blatt nach.

Kommt Junior beim Würfeln zu einem Joker-Feld, dann trägt er auf dem Trainingsblatt kein Ergebnis ein, sondern markiert dort den Joker farbig.

Kommt er beim Würfeln zu einem Feld, das er schon gelöst hat, dann darf Junior so lange weiterwürfeln, bis er zu einem Feld kommt, das er noch nicht bearbeitet hat.

Jetzt kommt der zweite, ältere Spieler (wir nennen ihn „Senior") an die Reihe, dann wieder Junior und so weiter. Natürlich gelten für Senior dieselben Spielregeln wie für Junior.

Wenn ein Spieler, z.B. Junior, alle fünf Aufgaben gelöst hat, die in einer Zeile, in einer Spalte oder in einer Diagonale stehen, dann schlagen Junior und Senior gemeinsam das zugehörige Lösungsblatt auf und sehen nach, ob die fünf Ergebnisse richtig sind. Stimmen sie alle, dann schreibt Junior auf das eigene Trainingsblatt rechts oben **BINGO**. Ist bei den Ergebnissen etwas falsch, dann wird das falsche Ergebnis durchgestrichen, und Junior wiederholt diese Aufgabe.

So spielt ihr immer weiter. Ihr könnt das Bingo-Spiel fortsetzen, bis alle Aufgaben eures Bingo-Blatts gelöst sind oder bis ihr eine bestimmte Zeit (z.B. 30 Minuten) lang Bingo gespielt habt. Gewinner des Bingo-Spiels ist, wer bei Spielende rechts oben auf dem eigenen Trainingsblatt die meisten **BINGO**s gesammelt hat.

Aber in Wirklichkeit habt ihr beide gewonnen – und zwar an Mathe-Fitness!

Viel Spaß und Erfolg mit Mathe-Bingo!

# Spielanleitung

**So spielt ihr Mathe-Bingo zu dritt oder zu viert:**

**für drei oder vier Spieler**

Legt euch einen roten Würfel, einen weißen Würfel und eure Buntstifte bereit. Schlagt das **Bingo**-Blatt auf, das ihr spielen wollt, z.B. „Geschicktes Abzählen I". Das Trainingsblatt habt ihr bereits in ausreichender Anzahl kopiert, sodass jeder Spieler und jede Spielerin ein eigenes Blatt hat.

Jetzt kann es losgehen! Der jüngste Spieler (wir nennen ihn „Junior") beginnt und würfelt einmal mit dem roten Würfel und einmal mit dem weißen Würfel. Wenn Junior z.B. mit dem roten Würfel **2** und mit dem weißen Würfel **5** würfelt, dann geht er von der linken unteren Ecke des Bingo-Blatts **zwei** Felder nach **rechts** und von dort aus **fünf** Felder nach **oben**. Junior kommt so zu der Aufgabe „6! : (3! + 4!)". Jetzt löst Junior diese Aufgabe und trägt das Ergebnis „24" auf seinem leeren Trainingsblatt in das entsprechende Feld ein.

Wenn Junior eine Aufgabe nicht lösen kann, dann schaut er einfach auf dem zugehörigen **Hilfe**-Blatt nach.

Kommt Junior beim Würfeln zu einem Joker-Feld, dann trägt er auf dem Trainingsblatt kein Ergebnis ein, sondern markiert dort den Joker farbig. Kommt er beim Würfeln zu einem

Feld, das er schon gelöst hat, dann darf Junior so lange weiterwürfeln, bis er zu einem Feld kommt, das er noch nicht bearbeitet hat.

Jetzt ist Juniors rechter Nachbar oder seine rechte Nachbarin an der Reihe und so weiter. Die Würfel werden stets an den rechts sitzenden Mitspieler weitergegeben. Natürlich gelten für alle Spieler dieselben Spielregeln wie für Junior.

Wenn ein Spieler, z.B. Junior, alle fünf Aufgaben gelöst hat, die in einer Zeile, in einer Spalte oder in einer Diagonale stehen, dann schlagen alle Spieler gemeinsam das zugehörige Lösungsblatt auf und sehen nach, ob die fünf Ergebnisse richtig sind. Stimmen sie alle, dann schreibt Junior auf das eigene Trainingsblatt rechts oben **BINGO**. Ist bei den Ergebnissen etwas falsch, dann wird das falsche Ergebnis durchgestrichen, und Junior wiederholt diese Aufgabe.

So spielt ihr immer weiter. Ihr könnt das Bingo-Spiel fortsetzen, bis alle Aufgaben eures Bingo-Blatts gelöst sind. Natürlich könnt ihr stattdessen auch vereinbaren, eine bestimmte Zeit (z.B. 30 Minuten) lang Bingo zu spielen. Gewinner des Bingo-Spiels ist, wer bei Spielende rechts oben auf dem eigenen Trainingsblatt die meisten **BINGO**s gesammelt hat.

Aber in Wirklichkeit habt ihr alle gewonnen – und zwar an Mathe-Fitness!

Viel Spaß und Erfolg
mit Mathe-Bingo!

# Spielanleitung

## Mathe-Bingo für die ganze Klasse:

**für Schulklassen oder größere Gruppen**

In der Klasse werden Teams mit drei oder vier Mitgliedern gebildet. Jedes Team erhält jeweils das gleiche **Bingo**-Blatt (z.B. „Geschicktes Abzählen I") und ein Trainingsblatt zum Eintragen der Ergebnisse des Teams. Diese Blätter werden vor Spielbeginn in ausreichender Anzahl kopiert. Außerdem legt sich jedes Team einen roten Würfel, einen weißen Würfel und einige Buntstifte bereit.

Jetzt kann es losgehen! In jedem Team würfelt ein Spieler einmal mit dem roten Würfel und einmal mit dem weißen Würfel. Wenn z.B. mit dem roten Würfel **2** und mit dem weißen Würfel **5** gewürfelt wird, dann geht der Spieler von der linken unteren Ecke des Bingo-Blatts **zwei** Felder nach **rechts** und von dort aus **fünf** Felder nach **oben**. Er kommt so zu der Aufgabe „6! : (3! + 4!)". Jetzt löst der Spieler diese Aufgabe und trägt das Ergebnis „24" auf dem leeren Trainingsblatt seines Teams in das entsprechende Feld ein.

Wenn ein Spieler eine Aufgabe nicht lösen kann, dann schaut er einfach auf dem zugehörigen **Hilfe**-Blatt nach.

Kommt ein Spieler beim Würfeln zu einem Joker-Feld, dann trägt er auf dem Trainingsblatt kein Ergebnis ein, sondern markiert dort den Joker farbig. Kommt er beim Würfeln zu einem Feld, das von seinem Team schon gelöst wurde, dann darf der Spieler so lange weiterwürfeln, bis er zu einem Feld kommt, das noch nicht bearbeitet wurde.

Jetzt ist das rechts neben dem Spieler sitzende Teammitglied an der Reihe und so weiter. Die Würfel werden stets an den rechts sitzenden Mitspieler weitergegeben. Natürlich gelten für alle Spieler dieselben Spielregeln.

Es wird so lange reihum gewürfelt, bis alle fünf Aufgaben in einer Zeile, in einer Spalte oder in einer Diagonale des Bingo-Blatts gelöst sind. Wenn ein Team so weit gekommen ist, lässt es die Ergebnisse auf seinem Trainingsblatt von der Lehrkraft überprüfen. Sind alle fünf Aufgaben richtig gelöst, dann ist das betreffende Team **Bingo-Zeit-Sieger**. Die Lehrkraft schreibt dann rechts oben auf das Trainingsblatt des Teams **BINGO**. Waren nicht alle Aufgaben richtig gelöst, so kann das Team seine Fehler korrigieren, wenn es beim Weiterwürfeln Felder mit fehlerhaften Ergebnissen erneut erreicht.
Hat ein Team bereits ein **BINGO** erreicht, so setzt es das Spiel fort, um rechts oben auf seinem Trainingsblatt weitere **BINGO**s zu sammeln. **Bingo-Sammel-Sieger** ist das Team, welches bei Spielende die meisten **BINGO**s hat.
Es gibt also das Zeit-Siegerteam, das das **erste BINGO** erreicht hat, und das Sammel-Siegerteam, das bei Spielende die **meisten BINGO**s gesammelt hat.

## PRAKTISCHE ERFAHRUNGEN IM UNTERRICHT

Zur Bearbeitung eines Bingo-Blatts ist im Allgemeinen eine Unterrichtseinheit von 45 Minuten gut ausreichend. Da nach jedem **BINGO** das Spiel mit **BINGO**-Sammeln fortgesetzt wird, können die einzelnen Teams die Aufgaben entsprechend ihrem Arbeitstempo lösen. Die Erfahrungen mit diesem Spiel zeigen, dass der Trainingseffekt sehr groß ist und dass in den Teams nicht nur der Schüler, der gerade gewürfelt hat, die entsprechende Aufgabe löst, sondern auch die anderen Teammitglieder intensiv Anteil nehmen und mitdenken. Da es sich bei **Mathe-Bingo** um einen Wettbewerb zwischen Teams einer Klasse handelt, kommt es auch nicht zur Ausgrenzung einzelner Schülerinnen oder Schüler.

Viel Spaß und Erfolg mit Mathe-Bingo!

# Spielanleitung

**Mathe-Bingo** für Lernzirkel:

**für Lernzirkel**

Aufgabenblätter des **Mathe-Bingo**s –
**Grundlagen der Stochastik** können
in Form eines Lernzirkels zur Wiederholung und Festigung von Grund-
wissen in der Mittelstufe und auch
in der Oberstufe sehr erfolgreich
eingesetzt werden.

Der Einsatz des **Mathe-Bingo**s soll
ein Arbeiten „mit Kopf, Herz und
Hand" im Team ermöglichen und mit
Spaß zum Erfolg führen!

# Mathe-Bingo
## Grundlagen der Stochastik

1. Rangliste – Spannweite – Zentralwert
2. Geschicktes Abzählen I
3. Geschicktes Abzählen II „Rund um die PIN"
4. Absolute und relative Häufigkeit I
5. Absolute und relative Häufigkeit II – Mittelwert
6. Beschreibende Statistik
7. Ergebnis – Ergebnismenge – Ereignis
8. Wiederholung I
9. Laplace-Wahrscheinlichkeit I
10. Laplace-Wahrscheinlichkeit II
11. Zählprinzip
12. Zusammengesetzte Zufallsexperimente
13. Urnenmodell I
14. Urnenmodell II
15. Bedingte Wahrscheinlichkeit – Unabhängigkeit
16. Wiederholung II

# Mathe-Bingo

Grundlagen der
Stochastik

**Lösungen**

für die Jahrgangsstufen 5 bis 10

| | ❶ | ❷ | ❸ | ❹ | ❺ | ❻ |
|---|---|---|---|---|---|---|
| ❻ | 1,34 m; 1,40 m; 1,44 m; 1,48 m; 1,51 m; 1,52 m; 1,65 m | (1,65 m − 1,34 m =) 0,31 m | 1,48 m | | 0,95 m; 1,00 m; 1,05 m; 1,10 m; 1,25 m; 1,35 m; 1,45 m. | Zentralwert (Median): 11 € Spannweite: (25 € − 8 € =) 17 € |
| ❺ | (90 − 75 =) 15 | (110 − 75 =) 35 | | Beispiele: (1) 8; 9; 10; 11; 14 (2) 7; 8; 10; 12; 13 | (9 100 − 1 009 =) 8 091 | 5,2 m; 5,1 m; 5,0 m; 4,9 m; 4,6 m; 3,9 m; 3,6 m Spannweite: (5,2 m − 3,6 m =) 1,6 m Zentralwert (Median): 4,9 m |
| ❹ | 90 | 300; 210; 201; 120; 111; 102 Spannweite: (300 − 102 =) 198 | Spannweite | Beispiel: 30 kg; 70 kg | Beispiele: (1) 70; 80; 100; 110; 120 (2) 85; 99; 100; 121; 135 | |
| ❸ | 4 000 − 1 003 = 2 997 | | Beispiele: (1) „Superleseratte": 32 B. „Oberlesemuffel": 7 B. (2) „Superleseratte": 25 B. „Oberlesemuffel": 0 B. | Beispiel: 30 € und 40 € | Spannweite (19 €) | Beispiel: 15; 16; 20; 30; 32; 35; 43 |
| ❷ | Neuer Zentralwert (Median): (40 kg + 5 kg =) 45 kg Weitere Massen: z.B. 47 kg und 56 kg | Der Zentralwert (Median) bleibt 12 €; die Spannweite nimmt von 49 € auf 15 € ab. | Er kann bis zu 3,10 € (Spannweite) sparen. | 172 | | Der Zentralwert (Median) bleibt 9,0; die Spannweite nimmt von 2,2 auf 0,6 ab. |
| ❶ | | Spannweite (5 h) | 467 | 109 | vier Zweier und sechs Dreier | Neuer Zentralwert (Median): (40 kg − 2 kg =) 38 kg Weitere Massen: z.B. 36 kg und 37 kg |

## Geschicktes Abzählen I — 2

| | 1 | 2 | 3 | 4 | 5 | 6 |
|---|---|---|---|---|---|---|
| **6** | 6 | 10 | $(4!) : 2 = 12$ | | 4 | 18 |
| **5** | 126 | 24 | | 2 | 4 | $\dfrac{5!}{3! \cdot 2!} = 10$ |
| **4** | 11 | $4^3 > 4!$ | $(4!) : (3!) = 4$ | 3 | 3 | |
| **3** | $4! = 24$ | | 90 | 10 | 12 | 5 |
| **2** | $5! = 120$ | 6 | Die Aussage ist wahr. | 3 | | 6 |
| **1** | | 6 | 4 | 18 | 8 | 6 |

# Geschicktes Abzählen II „Rund um die PIN"

|   | ❶ | ❷ | ❸ | ❹ | ❺ | ❻ |
|---|---|---|---|---|---|---|
| ❻ | (10 · 10 · 10 · 10 =) 10 000 | 6 561 = 9⁴: Lenas PIN lautet 9999. | Es gibt vier Möglichkeiten: 9998; 9989; 9899; 8999 | | Es gibt zehn Möglichkeiten: 9997; 9979; 9799; 7999; 9988; 9898; 9889; 8899; 8989; 8998 | Es gibt 12 Möglichkeiten: 0018; 0108; 0180; 0081; 0810; 0801; 1008; 1080; 1800; 8001; 8010; 8100 |
| ❺ | Es gibt sechs Möglichkeiten: 5314; 5134; 3514; 3154; 1354; 1534 | Es gibt zehn Möglichkeiten: 2000; 0200; 0020; 0002; 1100; 1010; 1001; 0011; 0101; 0110 | | Es gibt 17 Möglichkeiten: 8880; 8808; 8088; 0888; 8882; 8828; 8288; 2888; 8884; 8848; 8488; 4888; 8886; 8868; 8688; 6888; 8888 | Simons PIN könnte (4918 − 2301 =) 2617 oder (4918 + 2301 =) 7219 lauten. | Es gibt acht Möglichkeiten: 0770; 7007; 1661; 6116; 2552; 5225; 3443; 4334 |
| ❹ | Annas PIN: 7942 Bennos PIN: 2479 | Sie können sich höchstens um (8431 − 1348 =) 7083 unterscheiden. | 2 401 = 7⁴: Elfis PIN lautet 7777. | Andreas PIN (höchstens): 9995 Brittas PIN (höchstens): 1999 | Es gibt sechs Möglichkeiten: 9944; 9494; 9449; 4499; 4949; 4994 | |
| ❸ | Es gibt 12 Möglichkeiten: 7311; 7131; 7113; 3711; 3171; 3117; 1173; 1137; 1731; 1713; 1371; 1317 | | Es gibt vier Möglichkeiten: 2111; 1211; 1121; 1112 | 375 = 3 · 5 · 5 · 5 Es gibt vier Möglichkeiten: 5553; 5535; 5355; 3555 | Sie unterscheiden sich um mindestens (z.B. 3597 − 3579 =) 18. | 4096 = 8⁴: Es gibt nur eine Möglichkeit, nämlich 8888. |
| ❷ | Es gibt 12 Möglichkeiten: 6611; 6161; 6116; 1166; 1616; 1661; 3322; 3232; 3223; 2233; 2323; 2332 | Es gibt vier Möglichkeiten: 3111; 1311; 1131; 1113 | Die vier Ziffern sind 2; 3; 5 und 7. Es gibt also (4 · 3 · 2 · 1 =) 24 Möglichkeiten für Verenas PIN. | Es gibt fünf Möglichkeiten: 2222; 1331; 3113; 4004; 0440 | | Dominiks PIN ist (3990 : 2 =) 1995; ihre Gegenzahl ist −1995. |
| ❶ | | Es gibt vier Möglichkeiten: 8070; 8173; 8276; 8379 | Es gibt 12 Möglichkeiten: 7772; 7727; 7277; 2777; 7773; 7737; 7377; 3777; 7775; 7757; 7577; 5777 | 625 = 5 · 5 · 5 · 5: Monas PIN lautet 5555. | 100 = 5 · 5 · 2 · 2 Es gibt zwei Möglichkeiten: 5225; 2552 | Es lassen sich (4 · 4 · 4 · 4 =) 256 verschiedene PINs bilden. |

**Absolute und relative Häufigkeit I** — 4

**❻**

| kann | 10 Jahre oder älter | jünger als 10 Jahre | |
|---|---|---|---|
| kann schwimmen | 65 | 14 | 79 |
| kann nicht schwimmen | 9 | 8 | 17 |
| | 74 | 22 | 96 |

28 %

70 %

Ja, z.B. am 2., 16. und 30. Mai

44

**❺**

Wenn Gregor 42 von 50 Punkten erreicht hat, hat er **84** % der Höchstpunktzahl erreicht.

Wenn Laura 7 von 50 Punkten fehlen, hat sie **86** % der Höchstpunktzahl erreicht.

50 %

80 %

„3 von 10" ist größer als „10 von 50".

**❹**

30 %

Wenn es an 12 von 15 Ferientagen geregnet hat, hat es nur an **20** % der Ferientage nicht geregnet.

Wenn alle Schüler weiter als 3,80 m gesprungen sind, sind **100** % von ihnen weiter als 3,80 m gesprungen.

4

55 %

**❸**

25 %

28 %

48 %

(100 – 54 – 28 + 12 =) 30

„Drei von vier" ist größer als „zwei von drei".

**❷**

| | hat Haustier(e) | hat kein Haustier | |
|---|---|---|---|
| Junge | 0,27 | 0,23 | **0,50** |
| Mädchen | 0,40 | **0,10** | 0,50 |
| | **0,67** | **0,33** | 1 |

(54 – 12 + 18 =) 60

52 %

(100 – 54 =) 46

85 %

**❶**

| | spielt gern Fußball | spielt nicht gern Fußball | |
|---|---|---|---|
| Junge | 0,44 | **0,22** | 0,66 |
| Mädchen | 0,08 | 0,26 | **0,34** |
| | **0,52** | **0,48** | 1 |

(100 – 54 – 18 =) 28

75 %

40 %

75 %

❶ ❷ ❸ ❹ ❺ ❻

## Absolute und relative Häufigkeit II – Mittelwert

| | ① | ② | ③ | ④ | ⑤ | ⑥ |
|---|---|---|---|---|---|---|
| ⑥ | Ja | 3 | $(\frac{8}{44}=)\frac{2}{11} \approx 18\%$ | | Arithmetisches Mittel: $(11{,}9\ € : 7 =)\ 1{,}7\ €$ Median (Zentralwert): 1 | $(\frac{4}{5}=)\ 80\%$ |
| ⑤ | $(\frac{6}{24}=)\ 25\%$ | Arithmetisches Mittel: 2 Median (Zentralwert): 2 Modalwert: 0 | | $(\frac{5}{42}=) \approx 12\%$ | $(\frac{6}{8}=)\ 75\%$ | Arithmetisches Mittel: $(3{,}6 : 9 =)\ 0{,}4$ Median (Zentralwert): 1,1 |
| ④ | $(\frac{87}{25}=)\ 3{,}48$ | 9 | Median (Zentralwert): 30 Arithmetisches Mittel: 34 Beispiel: 15 wird durch 20 ersetzt; 54 wird durch 49 ersetzt. | $(\frac{4}{12}=\frac{1}{3}) \approx 33\%$ | spielt Musikinstrument(e) / spielt kein Instrument — Junge 0,22 \| 0,20 \| 0,42; Mädchen 0,28 \| 0,30 \| 0,58; 0,50 \| 0,50 \| 1 | |
| ③ | Durchschnittsgröße: $(10{,}43\ m : 7 =)\ 1{,}49\ cm$ Median (Zentralwert): 1,51 cm | | mindestens 340 | Schulden haben Susan und Fred; das größte Guthaben hat Marie. | Die senkrechte Skala beginnt nicht mit 0. | $0{,}05 = 5\%$ |
| ② | Mittelwert: $(225 : 9 =)\ 25$ Median (Zentralwert): 18 | bei 3 (25; 49; 81) | Sophie: $(\frac{13}{25}=)\ 52\%$ Gregor: $(\frac{12}{25}=)\ 48\%$ | $(\frac{4}{5}=)\ 80\%$ | | $(\frac{6}{10}=)\ 60\%$ |
| ① | | Beispiel: Es wurde je 100-mal ein roter und ein anderer Spielwürfel geworfen. Dabei ergab sich mit dem roten Würfel 16-mal und mit dem anderen Würfel 24-mal eine 6. | $(\frac{2}{6}=\frac{1}{3}) \approx 33\%$ | $(\frac{1}{5}=)\ 20\%$ | Die senkrechte Skala beginnt nicht mit 0. | Skala beginnt mit 0; Einheiten gleich bleibend |

# Beschreibende Statistik — 6

| | ① | ② | ③ | ④ | ⑤ | ⑥ |
|---|---|---|---|---|---|---|
| **⑥** | (1) ledig; verheiratet; verwitwet; geschieden (2) männlich; weiblich (3) deutsch; österreichisch; italienisch; französisch; türkisch … | Verkehrsmittel (Bus; Lkw; Pkw; Fahrrad) Fahrzeugfarbe (schwarz; rot; blau; weiß; sonstig) | Das Durchschnittsgehalt (2 950 €) ist wenig aussagekräftig, da die Spannweite 5 350 € sehr groß ist. | | Die Aussage ist wahr, wenn die Stichprobe eine **echte** Teilmenge der Grundgesamtheit ist. | Die Aussage ist falsch. |
| **⑤** | Hauptschulabschluss Realschulabschluss Fachabitur Abitur Hochschulabschluss | Median (Zentralwert): 2 700 € Ein Mitarbeiter verdient 2 700 €; drei Mitarbeiter verdienen weniger, ebenso viele mehr. | | Die Aussage ist falsch. | Die Aussage ist falsch. | Die Aussage ist (wegen $0 \leq$ „rel. Häufigkeit" $\leq 1$) falsch. |
| **④** | **Schultyp:** Hauptschule; Realschule; Gymnasium **Beruf:** Arzt; Dozentin; Koch; Maler; Pianistin; Vertreter **Nationalität:** deutsch; französisch; italienisch | **„Ausreißer":** Daten, die sich vom arithmetischen Mittel stark unterscheiden. **Beispiele:** Ein Zehnjähriger erhält monatlich 200 € Taschengeld; eine Elfjährige ist 1,80 m groß. | Katja ist am größten, Elif am kleinsten. | Alle wahlberechtigten Einwohner von Wahlstadt. | Die Stichprobe hat einen Umfang von 5 000. | |
| **③** | Der Median (603) bedeutet hier die Besucheranzahl am Samstag. | | **Spannweite:** Unterschied zwischen größtem und kleinstem Wert. **Beispiele:** Feld (6 \| 2): 5 350 € Feld (1 \| 3): (874 – 328 =) 546 | Das Merkmal ist qualitativ. | Nicht sicher | siehe Tabelle unten |
| **②** | Qualitativ: Beliebtheit; Farbe; Geschlecht Quantitativ: Geschwindigkeit; Körpergröße | Qualitativ: Automarke; Familienstand Quantitativ: Kinderanzahl; Kontostand; Mittagstemperatur | Die Aussage ist wahr. | Familienstand | | Die Spannweite (6 300 € – 950 € =) 5 350 € ist der Unterschied zwischen dem höchsten und dem niedrigsten Gehalt. |
| **①** | | Unterschied: 5 350 € Prozentualer Unterschied: $\left(\dfrac{5\,350}{6\,300} = \dfrac{107}{126}\right) \approx 85\,\%$ | Die Aussage ist falsch. | **Alle** Mitglieder der Grundgesamtheit werden befragt. | Der Median (Zentralwert) ist gegen „Ausreißer" weniger „empfindlich". | Die Aussage ist falsch. |

Feld ③ (Spalte ⑥):

| Wert | 1,1 | 2,3 | 4,5 | 6,4 | **5,0** |
|---|---|---|---|---|---|
| Häufigkeit | 3 | 1 | 4 | 1 | 6 |

**Ergebnis – Ergebnismenge – Ereignis** 7

| | ❶ | ❷ | ❸ | ❹ | ❺ | ❻ |
|---|---|---|---|---|---|---|
| ❻ | E = {(2; 1); (2; 3); (2; 5); (3; 1); (3; 3); (3; 5); (5; 1); (5; 3); (5; 5)} | E = {(4; 6); (5; 5); (6; 4)} | Ω = {rr; rg; gr} | | E = {(1; 1); (2; 2); (3; 3); (4; 4)} | E = {110; 101; 011}<br>1: „Prüfling besteht"<br>0: „Prüfling besteht nicht" |
| ❺ | Das Zufallsexperiment könnte das dreimalige Werfen einer Münze sein.<br>Z: „‚Zahl' wird geworfen"<br>W: „‚Wappen' wird geworfen" | Das Zufallsexperiment könnte das zweimalige Werfen eines Spielwürfels sein.<br>6: „geworfene Augenanzahl 6"<br>$\bar{6}$: „geworfene Augenanzahl 1; 2; 3; 4 oder 5" | | {(2; 2; 2)} | {WWZ; WZW; ZWW} | E = {111; 110; 101; 011}<br>1: „Prüfling besteht"<br>0: „Prüfling besteht nicht" |
| ❹ | E = {(2; 1); (2; 3); (2; 5); (4; 1); (4; 3); (4; 5); (6; 1); (6; 3); (6; 5)} | Mögliches Zufallsexperiment: Zuerst wird eine Münze geworfen, dann ein Spielwürfel. | {☺ ☺ ☹; ☹ ☺ ☺} | Das Zufallsexperiment könnte das einmalige Werfen eines Spielwürfels sein.<br>E: „Die Augenanzahl ist gerade." | {WWW; WWZ; WZW; ZWW} | |
| ❸ | E = {(1; 1); (2; 2); (3; 3); (4; 4); (5; 5); (6; 6)} | | Das Zufallsexperiment könnte das zweimalige Werfen eines Spielwürfels sein.<br>E: „Die Summe der beiden Augenanzahlen hat den Wert 7." | Das Zufallsexperiment könnte das Ziehen eines Buchstabens aus der Menge der Buchstaben des Wortes FERIEN sein.<br>$E_1$: „Der gezogene Buchstabe ist ein Vokal." | Auf vier Arten<br>(R: 2 €; 1 €; L: –;<br>R: 2 €; L: 1 €;<br>R: 1 €; L: 2 €;<br>R: –; L: 2 €; 1 €) | E = {110; 101; 011}<br>1: „Prüfling besteht"<br>0: „Prüfling besteht nicht" |
| ❷ | Das Zufallsexperiment könnte das zweimalige Werfen einer Münze sein.<br>Z: „‚Zahl' wird geworfen"<br>W: „‚Wappen' wird geworfen" | Ω = {rr; rg; gr; gg} | GLM; GML; LGM; LMG; MGL; MLG | | Ω = {l; v; s; w} | | 664; 646; 466;<br>655; 565; 556 |
| ❶ | | Ω = {rr; rg; gr; gg} | Ω = {MI; MS; MP; IS; II; IP; SS; SP; PP} | Bea erhält die meisten Stimmen; Claus wird 1. Stellvertreter, Alex 2. Stellvertreter. | {(6; 6; 1); (6; 6; 2); (6; 6; 3); (6; 6; 4); (6; 6; 5)} | {SSTT; STST; STTS; TSST; TSTS; TTSS} |

# Wiederholung I — 8

## 6

| | A | Ā | |
|---|---|---|---|
| B | 11 | 29 | 40 |
| B̄ | 13 | 47 | 60 |
| | 24 | 76 | 100 |

(0,03 =) 3 %

Es gibt 6 Möglichkeiten:
rrb; rbr; brr;
rbb; brb; bbr.
Verwendet er beide Farben,
dann gibt es 6 Möglichkeiten.

1421

$(3 \cdot 3! : 2 =)$ 9
(9880; 9808; 9088;
8980; 8908; 8890;
8809; 8098; 8089)

## 5

Zwei verschiedene
Reihenfolgen sind möglich:
3214 und 3412.

3,08

Beispiele:
(1) –24; 0; 12; 8; 76
(2) –80; –5; 12; 17; 20

$[12! : (2! \cdot 3! \cdot 2!) =]$
19 958 400

$(6 \cdot 6 \cdot 3 =)$ 108

## 4

| | A | Ā | |
|---|---|---|---|
| B | 16 | 0,44 | 0,60 |
| B̄ | 0,08 | 0,32 | 0,40 |
| | 0,24 | 0,76 | 1 |

$h(A \cap B) = 0{,}16 = 16\,\%$

Beispiel:
Werfen eines Tetraeders
mit den Augenanzahlen
1; 2; 3 bzw. 4

$\left(\frac{3}{7}\right) \approx 43\,\%$

Ā: „Heute ist nicht hitzefrei"
B̄: „Meine Note bei der
nächsten Schulaufgabe
ist 2 oder 1"

$(6^3 =)$ 216

## 3

Beispiele:
Mit einem Spielwürfel
(1) mindestens 1
(2) höchstens 6
zu werfen

$\left(\frac{11}{22} =\right)$ 50 %

Es nimmt um
$[1{,}57\ \text{m} - 1{,}52\ \text{m}] : 5 =]$
1 cm zu.

| | A | Ā | |
|---|---|---|---|
| B | 55 | 5 | 60 |
| B̄ | 22 | 18 | 40 |
| | 77 | 23 | 100 |

$h(A \cup B) = 82$

$(35^2 =)$ 1225
$(40^2 =)$ 1600
$(45^2 =)$ 2025
$(50^2 =)$ 2500
$(55^2 =)$ 3025
$(60^2 =)$ 3600

## 2

(1 – 0,13 = 0,87 =) 87 %

4

$[2 \cdot (9 \cdot 9 \cdot 8)] =$
$(2 \cdot 648 =)$ 1 296

Lea: Mittelwert: 3,85 m
Spannweite: 0,32 m
Susi: Mittelwert: 3,90 m
Spannweite: 0,40 m
Susi ist die bessere
Weitspringerin.

8, nämlich 121; 144;
225; 256; 324;
361; 441; 625

## 1

Beispiele:
Mit einem Spielwürfel
(1) 7 zu werfen
(2) bei drei Würfen
viermal 6 zu werfen

etwa 200-mal

5465

Die Aussage ist sachlich falsch.
Dies folgt jedoch nicht
aus Jakobs Stichprobe:
Sie ist nicht repräsentativ.

3; 6; 9; 12; 15; 18

# Laplace-Wahrscheinlichkeit 1

| | ❶ | ❷ | ❸ | ❹ | ❺ | ❻ |
|---|---|---|---|---|---|---|
| ❻ | $(\frac{4}{6}=)\frac{2}{3} \approx 67\%$ | $(\frac{3}{6}=)\frac{1}{2} = 50\%$ | $(\frac{4}{6}=)\frac{2}{3} \approx 67\%$ | *džoker* | $\frac{4}{11} \approx 36\%$ | $(\frac{2}{6}=)\frac{1}{3} \approx 33\%$ |
| ❺ | $(\frac{1}{6} \cdot 1 \cdot \frac{1}{6} =)\frac{1}{36} \approx 2,8\%$ | $\frac{7}{11} \approx 64\%$ | *JOKER* | $\frac{7}{11} \approx 64\%$ | (1) $\frac{1}{6} \approx 17\%$ <br> (2) $100\%$ | $(\frac{3}{6}=)\frac{1}{2} = 50\%$ |
| ❹ | $(\frac{3}{36}=)\frac{1}{12} \approx 8,3\%$ | $(\frac{4}{8}=)\frac{1}{2} = 50\%$ | $(\frac{6}{36}=)\frac{1}{6} \approx 17\%$ | $\frac{1}{12} \approx 8,3\%$ | (1) $\frac{1}{6} \approx 17\%$ <br> (2) Individuelle Schätzungen | *COMODIN* |
| ❸ | $(\frac{1}{2} \cdot \frac{1}{2} =)\frac{1}{4} \approx 25\%$ | *JOLLY* | $(\frac{4}{16}=)\frac{1}{4} = 25\%$ | Mögliches Zufallsexperiment: Du wählst aus der Menge der Buchstaben des Wortes MATHEMATIK genau einen Buchstaben aus. | Zufallsexperiment: Zweimaliges Werfen einer L-Münze. $E_1$: „Zweimaliges Werfen von ‚Zahl'" $E_2$: „Werfen von zuerst ‚Wappen', dann ‚Zahl'" | $[6 \cdot (\frac{1}{6})^3 =]\frac{1}{36} \approx 2,8\%$ |
| ❷ | (1) $[(\frac{1}{6})^3 =]\frac{1}{216} \approx 0,46\%$ <br> (2) Individuelle Schätzungen | $(\frac{50}{250} =)\frac{1}{5} = 20\%$ | $\frac{1}{365} \approx 0,27\%$ | (1) Individuelle Schätzungen <br> (2) Individuelle Schätzungen | *COKER* | (1) $100\%$ <br> (2) Individuelle Schätzungen |
| ❶ | *IOCULATOR* | $\frac{1}{250} = 0,4\%$ | $\frac{5}{11} \approx 45\%$ | $(\frac{3}{216}=)\frac{1}{72} \approx 1,4\%$ | $(\frac{3}{6}=)\frac{1}{2} = 50\%$ | $[(\frac{1}{6})^3 =]\frac{1}{216} \approx 0,46\%$ |

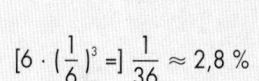

**Laplace-Wahrscheinlichkeit II — 10**

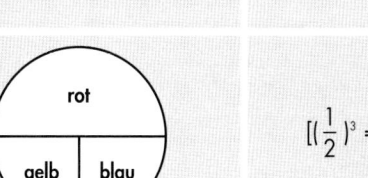

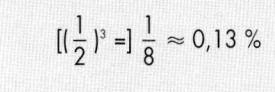

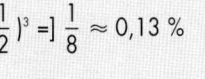

| | | | | | |
|---|---|---|---|---|---|
| **⑥** (2) 100 %<br>(3) Individuelle Schätzungen<br>(1) Individuelle Schätzungen | $\frac{1}{6} \approx 17\,\%$ | $\left(\frac{3}{6} =\right)\frac{1}{2} = 50\,\%$ |  | $\frac{9}{11} \approx 82\,\%$ | $\left[1 - \left(\frac{5}{6}\right)^4 =\right]\frac{671}{1296} \approx 52\,\%$ |
| **⑤** (1) Individuelle Schätzungen<br>(3) Individuelle Schätzungen<br>(2) $\frac{1}{6} \approx 17\,\%$ | Das Zufallsexperiment könnte das zweimalige Ziehen eines Loses sein.<br>1: Treffer (Gewinn)<br>0: Niete |  | $\left(\frac{2}{6} =\right)\frac{1}{3} \approx 33\,\%$ | $\left(\frac{4}{6} =\right)\frac{2}{3} \approx 67\,\%$ | $\left(\frac{3}{6} =\right)\frac{1}{2} = 50\,\%$ |
| **④** | $\left[\left(\frac{1}{2}\right)^3 =\right]\frac{1}{8} \approx 0,13\,\%$ | $\left(\frac{3}{36} =\right)\frac{1}{12} \approx 8,3\,\%$ | 227 | 1749 bis 1827 |  |
| **③** | | 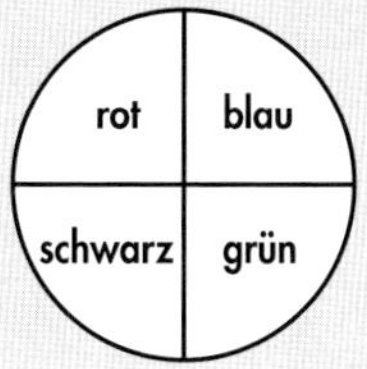  $\frac{5}{32} \approx 16\,\%$ | 10 | Frankreich | $\left[\left(\frac{4}{10}\right)^2 =\right]\frac{4}{25} = 16\,\%$ |
| **②** Das Werfen einer 50-ct-Münze ist ein Laplace-Experiment. | $P(\text{LGS}) = \frac{1}{6} \approx 17\,\%$ | $\left(\frac{1}{6} + \frac{5}{6}\cdot\frac{1}{6} + \frac{5}{6}\cdot\frac{5}{6}\cdot\frac{1}{6} =\right)\frac{91}{216}$ $\approx 42\,\%$ | $\left[\left(\frac{1}{6}\right)^3 =\right]\frac{1}{216} \approx 0,46\,\%$ |  | $\left[6 \cdot \left(\frac{1}{6}\right)^3 =\right]\frac{1}{36} \approx 2,8\,\%$ |
| **①** |  $P(g\,g) = \left(\frac{4}{5}\cdot\frac{4}{5} =\right)\frac{16}{25} = 64\,\%$ | $\left(\frac{5}{6}\cdot\frac{5}{6}\cdot\frac{1}{6} =\right)\frac{25}{216} \approx 12\,\%$ | $\left[\left(\frac{1}{6}\right)^3 + 3 \cdot \left(\frac{1}{6}\cdot\frac{1}{6}\cdot\frac{5}{6}\right) =\right]$ $\frac{2}{27} \approx 7,4\,\%$ | $\left[\frac{1}{6}\cdot\frac{1}{6}\cdot\left(\frac{5}{6}\right)^8\right] \approx 0,0065$ $= 0,65\,\%$ | $\left[\left(\frac{1}{6}\right)^3 =\right]\frac{1}{216} \approx 0,46\,\%$ |

| | ① | ② | ③ | ④ | ⑤ | ⑥ |
|---|---|---|---|---|---|---|
| ⑥ | Die Aussage ist falsch. | 15 Auf wie viele verschiedene Arten kann man aus sechs Personen zwei auswählen? | Die Aussage ist wahr. | | 21 Auf wie viele verschiedene Arten kann man aus sieben Personen fünf auswählen? | $(100 \cdot 99 =)\ 9\ 900$ |
| ⑤ | $\binom{n}{k} = \frac{n!}{k!\,(n-k)!}$  $\binom{n}{n-k} = \frac{n!}{(n-k)!\,k!}$ | $\left[\binom{10}{3}=\right]\ 120$ | | Die Aussage ist wahr. | $\left(\frac{8!}{2!\cdot 2!}=\right)\ 10\ 080$ | $(1 + 6 + 15 + 20 + 15 + 6 + 1 =)\ 64$ |
| ④ | 1 | 4 | Die Aussage ist wahr. | $(4! =)\ 24$ | $(4^3 =)\ 64$ | |
| ③ | 1 | | 24 (MA, MT, MH, ME, MM, MI, MK, AT, AH, AE, AA, AI, AK, TH, TE, TT, TI, TK, HE, HI, HK, EI, EK, IK) | $(4! =)\ 24$ | Die Aussage ist wahr. | 3111 1311 1131 1113 |
| ② | $\left[\binom{18}{2}=\right]\ 153$ | $(1 - 12 =)\ -11$ | 4 | $(5 \cdot 4 =)\ 20$ | | $\left(\frac{5 \cdot 21}{924} = \frac{5}{44}\right) \approx 0{,}11$ |
| ① | | Die Aussage ist wahr. | 8 | $(3 \cdot 3! =)\ 18$ | Die Aussage ist wahr. | $(1 + 5 + 10 + 10 + 5 + 1 =)\ 32$ |

## Zusammengesetzte Zufallsexperimente — 12

**⑥**

|   | A | Ā |      |
|---|------|------|------|
| B | 0,21 | 0,02 | 0,23 |
| B̄ | 0,25 | 0,52 | 0,77 |
|   | 0,46 | 0,54 | 1    |

$P(A \cap B) = 0,21 = 21\ \%$

$P(A \cap \bar{B}) + P(\bar{A} \cap B) =$
$0,13 + 0,25 = 0,38 = 38\ \%$

$1 - \left(\frac{5}{6}\right)^{10} \approx 0,84 = 84\ \%$

Beispiel: Rita wirft eine L-Münze sechsmal. Mit welcher Wahrscheinlichkeit wirft sie mindestens einmal „Wappen"?

$P(A \cup B) = 0,22 + 0,13 + 0,21$
$= 0,35 + 0,34 - 0,13 =$
$1 - 0,44 = 0,56 = 56\ \%$

---

**⑤**

$P(A \cap B) = 30\ \%$

$0,5 \cdot 0,5 = 0,25 = 25\ \%$

$\frac{1}{365} \approx 0,0027 = 0,27\ \%$

$\binom{250}{9} \approx 9,1 \cdot 10^{15}$

$P(A \cap \bar{B}) + P(\bar{A} \cap B) =$
$0,13 + 0,44 = 0,57 = 57\ \%$

---

**④**

$P(A \cup B) = 0,5 \cdot 1 +$
$\qquad\qquad 0,5 \cdot 0,5 =$
$\qquad\qquad 0,75 = 75\ \%$

$1 - 0,5^2 = 1 - 0,25 =$
$0,75 = 75\ \%$

$1 - \left(\frac{1}{2}\right)^{10} \approx 0,999 = 99,9\ \%$

$\frac{1}{12} \approx 0,083 = 8,3\ \%$

$\binom{10}{9} \cdot \left(\frac{1}{6}\right)^9 \cdot \frac{5}{6} + \binom{10}{10} \cdot \left(\frac{1}{6}\right)^{10}$
$\approx 0,000084\ \% = 8,4 \cdot 10^{-5}\ \%$

---

**③**

$P(\bar{A} \cap \bar{B}) = 0,32 = 32\ \%$

|   | A | Ā |      |
|---|------|------|------|
| B | 0,22 | 0,44 | 0,66 |
| B̄ | 0,13 | 0,21 | 0,34 |
|   | 0,35 | 0,65 | 1    |

$P(\bar{A} \cap \bar{B}) = 0,21 = 21\ \%$

$P(\bar{A} \cap B) = 0,25 = 25\ \%$

$1 - \left(\frac{5}{6}\right)^n \geq 0,9;\ n \geq 12,629\ ...$

Man muss mindestens 13-mal würfeln.

$1 - \left(\frac{5}{6}\right)^n \geq 0,5;\ n \geq 3,80\ ...$

Man muss mindestens viermal würfeln.

---

**②**

$P(A \cap \bar{B}) = 0,5 \cdot 0,5 =$
$\qquad\qquad 0,25 = 25\ \%$

Beispiel: Eine L-Münze wird zweimal geworfen.
A: „Beim ersten Wurf wird ‚Zahl' geworfen"
B: „Beim zweiten Wurf wird ‚Zahl' geworfen"

$\left(\frac{5}{6}\right)^5 \cdot \frac{1}{6} \approx 0,067 = 6,7\ \%$

$\binom{5}{3} \cdot 0,5^3 \cdot 0,5^2 = \frac{5}{16}$
$\approx 0,31 = 31\ \%$

|   | A | Ā |      |
|---|------|------|------|
| B | 0,22 | 0,33 | 0,55 |
| B̄ | 0,13 | 0,32 | 0,45 |
|   | 0,35 | 0,65 | 1    |

$P(A) = 0,35 = 35\ \%$

---

**①**

$\frac{1}{6} \cdot \frac{1}{6} = \frac{1}{36} \approx 0,028 = 2,8\ \%$

$\left(\frac{1}{6}\right)^3 \approx 0,0046 = 0,46\ \%$

$2^8 = 512$

|   | F | F̄ |     |
|---|-----|-----|-----|
| M | 72  | 18  | 90  |
| M̄ | 648 | 162 | 810 |
|   | 720 | 180 | 900 |

162 Schüler haben weder Mofa noch Fahrrad.

$6! \cdot \left(\frac{1}{6}\right)^6 \approx 0,015 = 1,5\ \%$

| | ① | ② | ③ | ④ | ⑤ | ⑥ |
|---|---|---|---|---|---|---|
| ❻ | $\binom{3}{1} \cdot \frac{4}{10} \cdot \frac{6}{9} \cdot \frac{5}{8} = 50\%$ | $0{,}95^{30} \approx 21\%$ | $\binom{3}{2} \cdot 0{,}4^2 \cdot 0{,}6 \approx 29\%$ | *džoker* | Beispiel: In einer Urne sind sechs weiße und zwei schwarze Kugeln. Mit welcher Wahrscheinlichkeit ziehst du mindestens eine schwarze Kugel, wenn du zehnmal je eine Kugel „mit Zurücklegen" ziehst? | Beispiel: In einer Urne sind vier weiße und sechs rote Kugeln. Mit welcher Wahrscheinlichkeit ziehst du genau zwei weiße Kugeln, wenn du dreimal je eine Kugel „ohne Zurücklegen" ziehst? |
| ❺ | $\frac{6}{10} \cdot \frac{5}{9} \cdot \frac{4}{8} \approx 17\%$ | $\binom{5}{4} \cdot 0{,}85^4 \cdot 0{,}15 \approx 39\%$ | *JOKER* | $1 - 0{,}95^{30} \approx 79\%$ | $1 - \frac{12}{30} \cdot \frac{11}{29} \cdot \frac{10}{28} \cdot \frac{9}{27} = \frac{598}{609} \approx 0{,}98 = 98\%$ | $1 - \frac{18}{30} \cdot \frac{17}{29} \cdot \frac{16}{28} \cdot \frac{15}{27} = \frac{541}{609} \approx 0{,}89 = 89\%$ |
| ❹ | $0{,}7^{10} \approx 2{,}8\%$ | Individuelle Ergebnisse | $0{,}95^{10} \approx 60\%$ | $\frac{6}{10} \cdot \frac{5}{9} \cdot \frac{4}{8} \approx 17\%$ | $0{,}4^8 + 0{,}6^8 \approx 1{,}7\%$ | *COMODIN* |
| ❸ | $1 - 0{,}49 = 51\%$ | *JOLLY* | $\binom{10}{3} \cdot 0{,}7^3 \cdot 0{,}3^7 \approx 0{,}90\%$ | Beispiel: In einer Urne sind drei rote und sieben blaue Kugeln. Mit welcher Wahrscheinlichkeit ziehst du genau zwei rote Kugeln, wenn du achtmal je eine Kugel „mit Zurücklegen" ziehst? | $1 - 0{,}8^n \geq 0{,}5$; $n \geq 3{,}106\ldots$ Ben muss mindestens 4 Riegel kaufen. | $\frac{1}{10} \cdot \frac{9}{9} + \frac{9}{10} \cdot \frac{1}{9} = 20\%$ |
| ❷ | $\frac{51-49}{49} = \frac{2}{49} \approx 4{,}1\%$ | $\binom{10}{1} \cdot 0{,}7 \cdot 0{,}3^9 \approx 0{,}014\%$ | $\binom{3}{2} \cdot 0{,}22^2 \cdot 0{,}78 \approx 11\%$ | $3 \cdot \frac{4}{10} \cdot \frac{6}{9} \cdot \frac{5}{8} = 50\%$ | *COKER* | Beispiel: Es werden nacheinander vier Kugeln „mit Zurücklegen" gezogen, und zwar zuerst dreimal je eine rote und dann die goldene. |
| ❶ | *IOCULATOR* | $\binom{3}{1} \cdot 0{,}4 \cdot 0{,}6^2 \approx 43\%$ | Beispiel: In einer Urne sind neun rote Kugeln und eine weiße Kugel. Mit welcher Wahrscheinlichkeit ziehst du von jeder Farbe zwei Kugeln, wenn du viermal je eine Kugel „mit Zurücklegen" ziehst? | Beispiel: In einer Urne sind zwei weiße, fünf blaue, drei rote Kugeln. Mit welcher Wahrscheinlichkeit ziehst du von jeder Farbe eine Kugel, wenn du dreimal je eine Kugel „mit Zurücklegen" ziehst? | $\frac{12}{30} \cdot \frac{18}{29} \cdot \frac{11}{28} \cdot \frac{17}{27} \approx 6{,}1\%$ | P(„Die gezogenen Kugeln sind gleichfarbig") = $\frac{4}{5} \cdot \frac{4}{5} + \frac{1}{5} \cdot \frac{1}{5} = 68\%$ |

# Urnenmodell II — 14

| # | | | | | |
|---|---|---|---|---|---|
| ⑥ | Die Urne enthält z.B. drei schwarze und sieben weiße Kugeln; es wird „mit Zurücklegen" gezogen. | $\binom{10}{5} \cdot 0{,}5^5 \cdot 0{,}5^5 \approx 25\%$ | $1 - 0{,}98^{100} \approx 87\%$ | *džoker* | $5! \cdot 0{,}2^5 = 3{,}8\%$ | $3! \cdot \frac{1}{6} \cdot \frac{2}{6} \cdot \frac{3}{6} = \frac{1}{6} \approx 17\%$ |
| ⑤ | Die Urne enthält z.B. 950 weiße und 50 schwarze Kugeln. Es werden „blind" 100 Kugeln entnommen; aus diesen wird sechsmal „ohne Zurücklegen" gezogen. | $1 - 0{,}85^{20} \approx 96\%$ | *JOKER* | $\frac{16}{30} \cdot \frac{15}{29} \cdot \frac{14}{28} \cdot \frac{13}{27} \approx 6{,}6\%$ | $\frac{1}{5} \cdot \frac{1}{4} \cdot \frac{1}{3} \cdot \frac{1}{2} \cdot \frac{1}{1} \approx 0{,}83\%$ | Zufallsexperiment: Es wird sechsmal je eine Kugel „mit Zurücklegen" gezogen. E: „Es werden genau vier rote Kugeln gezogen." |
| ④ | Die Urne enthält z.B. 1 weiße und 4 schwarze Kugeln. Du ziehst zehnmal „mit Zurücklegen" je eine Kugel. Wie groß ist die Wahrscheinlichkeit, dass du 10 weiße Kugeln ziehst? | $0{,}8^{20} \approx 1{,}1\%$ | $\frac{25}{100} \cdot \frac{24}{99} \cdot \frac{23}{98} + \frac{40}{100} \cdot \frac{39}{99} \cdot \frac{38}{98} + \frac{35}{100} \cdot \frac{34}{99} \cdot \frac{33}{98} \approx 12\%$ | $0{,}6^3 \cdot 0{,}4 \approx 8{,}6\%$ | $\frac{1}{4} \cdot \frac{1}{3} \cdot \frac{1}{2} \approx 4{,}2\%$ | *COMODIN* |
| ③ | Die Urne enthält z.B. 49 rote und 51 blaue Kugeln. Du ziehst dreimal je eine Kugel „mit Zurücklegen" und erhältst drei rote Kugeln. | *JOLLY* | $\frac{4}{9} \approx 44\%$ | $\binom{4}{3} \cdot \frac{6}{10} \cdot \frac{5}{9} \cdot \frac{4}{8} \cdot \frac{4}{7} \approx 38\%$ | $1 - 0{,}7^n \geq 0{,}5$ <br> $n \geq 1{,}94 \ldots$ <br> Ben muss mindestens zwei Riegel kaufen. | $3 \cdot \frac{6}{10} \cdot \frac{5}{9} \cdot \frac{4}{8} = 50\%$ |
| ② | $1 - 0{,}96^n \geq 0{,}5$ <br> $n \geq 16{,}97 \ldots$ <br> Die Gruppe muss mindestens 17 (zufällig ausgewählte) Männer umfassen. | $2 \cdot 0{,}5^{10} \approx 0{,}20\%$ | Die Urne enthält z.B. 1 weiße und 4 schwarze Kugeln. Du ziehst zehnmal „mit Zurücklegen" je eine Kugel. Wie groß ist die Wahrscheinlichkeit, dass du drei weiße Kugeln ziehst? | Die Urne enthält z.B. 6 rote und 4 blaue Kugeln. Es wird viermal „ohne Zurücklegen" je eine Kugel gezogen. Ziehen von „rot" („blau") bedeutet: eine Frau (ein Mann) erhält die Stelle. | *COKER* | $\frac{4}{10} \cdot \frac{3}{9} \cdot \frac{2}{8} \cdot \frac{1}{7} \approx 0{,}48\%$ |
| ① | *IOCULATOR* | $\frac{2}{5} \cdot \frac{1}{4} = 10\%$ | $\frac{5}{45} = \frac{1}{9} \approx 11\%$ | $\frac{30}{45} \approx 67\%$ <br> Hinweis: (22 + 8 =) 30 Nummern sind durch 2 und/oder durch 3 teilbar. | Die Urne enthält z.B. 14 rote und 16 blaue Kugeln. Es wird viermal „ohne Zurücklegen" je eine Kugel gezogen. | $\frac{3}{6} \cdot \frac{2}{5} + \frac{2}{6} \cdot \frac{1}{5} \approx 27\%$ |

# Bedingte Wahrscheinlichkeit – Unabhängigkeit

| | ① | ② | ③ | ④ | ⑤ | ⑥ |
|---|---|---|---|---|---|---|
| ⑥ | Die Wahrscheinlichkeit, dass ein Pkw-Fahrer die zulässige Höchstgeschwindigkeit überschreitet und auch kontrolliert wird, ist $0{,}08 \cdot 0{,}2$. | $P(E_1) = 0{,}5$; $P(E_2) = 0{,}25$; $P(E_1 \cap E_2) = 0{,}25 \neq P(E_1) \cdot P(E_2) = 0{,}125$: Die Ereignisse $E_1$ und $E_2$ sind voneinander abhängig. | Mit der Wahrscheinlichkeit $P_A(B)$ ist das zweite Los kein Treffer unter der Voraussetzung, dass das erste Los ein Treffer war. | džOker | $\dfrac{\frac{1}{6} \cdot \frac{1}{6}}{\frac{1}{6}} = \dfrac{1}{6}$ | $\dfrac{\frac{1}{2} \cdot \frac{1}{6}}{\frac{1}{6}} = \dfrac{1}{2}$ |
| ⑤ | $P(A)$ ist z.B. die Wahrscheinlichkeit, dass von 20 Pkw-Fahrern die ersten 15 die Geschwindigkeitsbeschränkung beachten und die nächsten 5 nicht. | $P_A(B) = \dfrac{0{,}25}{0{,}36} \approx 0{,}69 = 69\%$ | JOKER | Peter Schwarz wird nächstes Jahr 15 Jahre alt; Peter Schwarz wird heuer in den Bundestag gewählt. | <br>\| \| A \| Ā \| \|<br>\|---\|---\|---\|---\|<br>\| B \| 0,32 \| 0,31 \| 0,63 \|<br>\| B̄ \| 0,18 \| 0,19 \| 0,37 \|<br>\| \| 0,50 \| 0,50 \| 1 \|<br>$P(A \cup \bar{B}) = 1 - 0{,}31 = 0{,}69$ | Beispiel:<br>\| \| A \| Ā \| \|<br>\|---\|---\|---\|---\|<br>\| B \| 0,27 \| 0,18 \| 0,45 \|<br>\| B̄ \| 0,33 \| 0,22 \| 0,55 \|<br>\| \| 0,60 \| 0,40 \| 1 \| |
| ④ | $P(A \cap B) = 0{,}25$ | {RRR; RRG; RGR; GRR; RGG; GRG; GGR} | Mit der Wahrscheinlichkeit $P_A(\bar{B})$ ist das zweite Los ein Treffer unter der Voraussetzung, dass das erste Los bereits ein Treffer war. | $P_B(A) = \dfrac{0{,}25}{0{,}56} \approx 0{,}45 = 45\%$ | \| \| A \| Ā \| \|<br>\|---\|---\|---\|---\|<br>\| B \| 0,28 \| 0,31 \| 0,59 \|<br>\| B̄ \| 0,22 \| 0,19 \| 0,41 \|<br>\| \| 0,50 \| 0,50 \| 1 \|<br>$P(A \cup B) = 1 - 0{,}19 = 0{,}81$ | COMODIN |
| ③ | Nein, denn $P(A \cap B) = 0{,}25 \neq P(A) \cdot P(B) = 0{,}36 \cdot 0{,}56 \approx 0{,}20$ | JOLLY | Beispiel:<br>\| \| A \| Ā \| \|<br>\|---\|---\|---\|---\|<br>\| B \| 0,15 \| 0,25 \| 0,40 \|<br>\| B̄ \| 0,225 \| 0,375 \| 0,60 \|<br>\| \| 0,375 \| 0,625 \| 1 \| | $P(\bar{A} \cap B) = 0{,}31$ | Es gibt acht solche Produkte: $1 \cdot 30$; $2 \cdot 15$; $3 \cdot 10$; $5 \cdot 6$; $(-30) \cdot (-1)$; $(-15) \cdot (-2)$; $(-10) \cdot (-3)$; $(-6) \cdot (-5)$ | 1 % |
| ② | Ja, denn $P(A) \cdot P(B) = 0{,}4 \cdot 0{,}3 = 0{,}12 = P(A \cap B)$ | RGG; GRG; GGR; GGG} | Ja, denn $P(\bar{A}) \cdot P(\bar{B}) = 0{,}6 \cdot 0{,}7 = 0{,}42 = P(\bar{A} \cap \bar{B})$ | Wie viel Prozent der männlichen Mitglieder eines Sportvereins sind älter als 20 Jahre? Ergebnis: $\dfrac{0{,}30}{0{,}40} = 75\%$ | COKER | \| \| m \| w \| \|<br>\|---\|---\|---\|---\|<br>\| G \| 0,45 \| 0,35 \| 0,80 \|<br>\| Ḡ \| 0,15 \| 0,05 \| 0,20 \|<br>\| \| 0,60 \| 0,40 \| 1 \|<br>Wie viel Prozent der Mädchen erzielen keinen Gewinn? (Ergebnis: $0{,}05 : 0{,}40 = 12{,}5\%$) |
| ① | IOCULATOR | $\dfrac{\frac{1}{6} \cdot \frac{1}{6}}{\frac{1}{6}} = \dfrac{1}{6}$ | \| \| A \| Ā \| \|<br>\|---\|---\|---\|---\|<br>\| B \| 0,02 \| 0,08 \| 0,10 \|<br>\| B̄ \| 0,18 \| 0,72 \| 0,90 \|<br>\| \| 0,20 \| 0,80 \| 1 \|<br>$P(A \cup B) = 1 - 0{,}72 = 0{,}28$ | $\dfrac{\frac{5}{6} \cdot \frac{1}{6}}{\frac{5}{6}} = \dfrac{1}{6}$ | $1 - \left(\dfrac{35}{36}\right)^4 \approx 0{,}11$ | 15 |

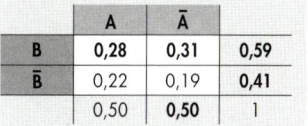

# Wiederholung II — 16

**6**

| | m | w | |
|---|---|---|---|
| a | 0,05 | 0,25 | 0,30 |
| ā | 0,45 | 0,25 | 0,70 |
| | 0,50 | 0,50 | 1 |

$P(m) \cdot P(a) = 0,15 \neq P(a \cap m)$:
Die Ereignisse sind abhängig.

$0,1^3 = 0,1\ \%$

$\dfrac{10}{10} \cdot \dfrac{9}{10} \cdot \dfrac{8}{10} = 72\ \%$

džoker

$0,9^3 \approx 73\ \%$

$1 - 0,88^6 \approx 54\ \%$

---

**5**

$3$

$2,96$

JOKER

$3 \cdot \binom{10}{5} \cdot \left(\dfrac{1}{6}\right)^5 \cdot \left(\dfrac{5}{6}\right)^5 \approx 3,9\ \%$

$\dfrac{1}{6} \cdot \left(\dfrac{5}{6}\right)^8 \cdot \dfrac{1}{6} \approx 0,65\ \%$

$\binom{10}{2} \cdot \left(\dfrac{1}{6}\right)^2 \cdot \left(\dfrac{5}{6}\right)^8 \approx 29\ \%$

---

**4**

$\binom{20}{2} = 190$

$1$

$6$
$[6! = 720]$

Acht verschiedene Produkte,
nämlich
$1 \cdot 24;\ 24 \cdot 1;\ 2 \cdot 12;\ 12 \cdot 2;$
$3 \cdot 8;\ 8 \cdot 3;\ 4 \cdot 6;\ 6 \cdot 4$

| | A | Ā | |
|---|---|---|---|
| B | 0,24 | 0,31 | 0,55 |
| B̄ | 0,11 | 0,34 | 0,45 |
| | 0,35 | 0,65 | 1 |

COMODIN

---

**3**

etwa 6,6 Millionen

JOLLY

$\dfrac{1}{3} \cdot \dfrac{1}{2} = \dfrac{1}{6} \approx 17\ \%$

$0,36$

$\binom{5}{1} \cdot 0,2 \cdot 0,8^4 \approx 41\ \%$

$0,6^{10} \approx 0,60\ \%$

---

**2**

$\dfrac{1}{4} \cdot \dfrac{1}{4} \approx 6,3\ \%$

In 10 möglichen Fällen:
(20; 20); (20; 19); (19; 20);
(20; 18); (18; 20); (20; 17);
(17; 20); (19; 19); (19; 18);
(18; 19)

$\binom{10}{7} \cdot 0,8^7 \cdot 0,2^3 \approx 20\ \%$

$\dfrac{1}{3} \cdot \dfrac{1}{2} = \dfrac{1}{6} \approx 17\ \%$

COKER

Das arithmetische Mittel
(der Mittelwert) wird um
1 kg kleiner; der Median
(Zentralwert) ändert sich nicht.

---

**1**

IOCULATOR

$\dfrac{\frac{5}{6} \cdot \frac{1}{6}}{\frac{5}{6}} = \dfrac{1}{6} \approx 17\ \%$

$3 \cdot \left(\dfrac{1}{6}\right)^2 \approx 8,3\ \%$

Beispiele:
Alle Personen deines Jahrgangs;
alle Schüler/Schülerinnen deiner
Schule (oder deiner Klasse);
alle Bürger/Bürgerinnen
deines Staats

$0,92^{10} \approx 43\ \%$

Mary kommt mit
(0,88 · 0,91, also) etwa
80 % Wahrscheinlichkeit
pünktlich.

**Wenn du Hilfe beim Umgang mit Rangliste, Spannweite und Zentralwert (Median) brauchst ...**

# Hilfe 1

Um **statistische Erhebungen** (z.B. über die Anzahl der Tage, die die Schülerinnen und Schüler in den Ferien verreist waren, oder über die Höhe ihres Taschengelds oder über die Anzahl ihrer Geschwister) gut auswerten und vergleichen zu können, verwendet man sogenannte **Kenngrößen** wie z.B. die **Spannweite** und den **Zentralwert (Median)**.

Beispiel:
Die Befragung von 15 Zwölfjährigen nach der Höhe ihres monatlichen Taschengelds ergab die
- **Urliste:** 12 €; 25 €; 10 €; 28 €; 12 €; 10 €; 30 €; 15 €; 9 €; 13 €; 7 €; 15 €; 10 €; 14 €; 20 €.

Durch Umordnen der Beträge in der Urliste nach ihrer Größe erhält man eine
- **Rangliste:** 7 €; 9 €; 10 €; 10 €; 10 €; 12 €; 12 €; 13 €; 14 €; 15 €; 15 €; 20 €; 25 €; 28 €; 30 €.

Der Unterschied zwischen dem größten und dem kleinsten Wert des betrachteten **Merkmals** (hier: Höhe des Taschengelds) heißt **Spannweite**.
Größter Wert des Taschengelds: 30 €     Kleinster Wert des Taschengelds: 7 €
- Die Spannweite beträgt also 30 € − 7 € = 23 €.

Der **Zentralwert (Median)** befindet sich in der Mitte der Rangliste. Die Hälfte der übrigen Werte ist größer als der (oder gleich dem) Zentralwert bzw. kleiner als der (oder gleich dem) Zentralwert.
7 €; 9 €; 10 €; 10 €; 10 €; 12 €; 12 €; **13 €**; 14 €; 15 €; 15 €; 20 €; 25 €; 28 €; 30 €.

   7 Werte kleiner als 13 €            7 Werte größer als 13 €

- Der Zentralwert (Median) ist somit 13 €.

Viel Spaß und Erfolg beim Bingo-Blatt 1!

## Rangliste – Spannweite – Zentralwert — 1

### 6

**1.** Erstelle eine Rangliste der Körpergrößen 1,34 m; 1,65 m; 1,51 m; 1,48 m; 1,52 m; 1,44 m und 1,40 m.

**2.** Gib für die Körpergrößen 1,34 m; 1,65 m; 1,51 m; 1,48 m; 1,52 m; 1,44 m und 1,40 m die Spannweite an.

**3.** Gib für die Körpergrößen 1,34 m; 1,65 m; 1,51 m; 1,48 m; 1,52 m; 1,44 m und 1,40 m den Zentralwert (Median) an.

**5.** Gib für die Sprunghöhen 1,10 m; 1,25 m; 1,00 m; 0,95 m; 1,45 m; 1,05 m und 1,35 m eine Rangliste an.

**6.** Neun Kinder vergleichen die Höhe des monatlichen Taschengelds in €: 12; 10; 9; 13; 20; 11; 10; 25; 8. Gib den Zentralwert (Median) und die Spannweite an.

### 5

**1.** Die Tabelle zeigt die Anzahl der Ferientage pro Jahr in

| D | F | I | GB | TR |
|---|---|---|----|----|
| 75 | 95 | 90 | 80 | 110 |

Wie viele Ferientage hat Italien mehr als Deutschland?

**2.** Die Tabelle zeigt die Anzahl der Ferientage pro Jahr in

| D | F | I | GB | TR |
|---|---|---|----|----|
| 75 | 95 | 90 | 80 | 110 |

Gib die Spannweite an.

**4.** Gib fünf verschiedene natürliche Zahlen an, deren Zentralwert (Median) 10 und deren Spannweite 6 ist.

**5.** Gib den Unterschied zwischen der größten und der kleinsten natürlichen Zahl an, die du mit den vier Ziffernkärtchen legen kannst. [0 0 1 9]

**6.** Erstelle eine Rangliste der Sprungweiten 5,2 m; 4,9 m; 3,6 m; 3,9 m; 5,0 m; 4,6 m und 5,1 m. Gib die Spannweite und den Zentralwert (Median) an.

### 4

**1.** Die Tabelle zeigt die Anzahl der Ferientage pro Jahr in

| D | F | I | GB | TR |
|---|---|---|----|----|
| 75 | 95 | 90 | 80 | 110 |

Gib den Zentralwert (Median) an.

**2.** Gib alle dreistelligen natürlichen Zahlen mit dem Quersummenwert 3 an. Ordne sie nach abnehmender Größe und gib die Spannweite an.

**3.** In 5 A ist der maximale Unterschied zwischen der Anzahl der pro „Leseratte" bzw. „Lesemuffel" gelesenen Bücher 15. Welche Kenngröße stellt dies dar?

**4.** Fünf Schülerinnen haben die Masse 35 kg, 45 kg, 38 kg, 52 kg bzw. 40 kg. Füge zwei andere Massen so hinzu, dass sich der Zentralwert (Median) nicht ändert.

**5.** Gib fünf verschiedene natürliche Zahlen an, deren Zentralwert 100 und deren Spannweite 50 ist.

### 3

**1.** Berechne den Unterschied zwischen der größten und der kleinsten vierstelligen natürlichen Zahl mit dem Quersummenwert 4.

**3.** In 5 B ist der maximale Unterschied zwischen der Anzahl der im letzten Jahr pro „Leseratte" bzw. „Lesemuffel" gelesenen Bücher 25. Erläutere dies.

**4.** Fünf Personen spenden 10 €, 25 €, 15 €, 20 € bzw. 40 €. Welche Beträge können zwei weitere Personen spenden, damit der Zentralwert (Median) um 5 € zunimmt?

**5.** 25 Personen haben für UNICEF gespendet. Die kleinste Spende war 1 €, die höchste 20 €. Welche Kenngröße kannst du hieraus angeben?

**6.** Gib sieben verschiedene natürliche Zahlen an, deren Zentralwert 30 und deren Spannweite 28 ist.

### 2

**1.** Fünf Schüler haben die Masse 35 kg, 45 kg, 38 kg, 52 kg bzw. 40 kg. Füge möglichst wenige weitere Massen so hinzu, dass der Zentralwert (Median) um 5 kg zunimmt.

**2.** Wie ändern sich Zentralwert und Spannweite, wenn du in der Liste der Taschengeldbeträge 1 €, 5 €, 10 €, 12 €, 15 €, 20 € und 50 € die beiden „Ausreißer" streichst?

**3.** Gregor vergleicht Preise von CD-Playern: 28,45 €; 29,95 € und 31,55 €. Bei günstigem Einkauf kann er bis zu __ € sparen. Welche Kenngröße stellt die Ersparnis dar?

**4.** Die Tabelle zeigt für eine Straße die Anzahl n der Familien mit k Kindern:

| k | 0 | 1 | 2 | 3 | 4 | >4 |
|---|---|---|---|---|---|----|
| n | 15 | 42 | 34 | 10 | 8 | 0 |

Wie viele Kinder wohnen in dieser Straße

**6.** Wie ändern sich Zentralwert und Spannweite, wenn du in der Liste der Bewertungspunkte 8,5; 9,1; 9,7; 9,0 und 7,5 die beiden „Ausreißer" streichst?

### 1

**2.** Tina sagt: „An manchen Tagen sehe ich gar nicht fern, an anderen Tagen bis zu 5 Stunden lang." Welche Kenngröße hat sie damit angegeben?

**3.** Befragung aller Kinder einer Grundschule nach der Anzahl k ihrer Geschwister:

| k | 0 | 1 | 2 | 3 | ≥4 |
|---|---|---|---|---|----|
| n | 55 | 102 | 206 | 75 | 29 |

Wie viele Kinder gehen in diese Grundschule?

**4.** Die Tabelle zeigt für eine Straße die Anzahl n der Familien mit k Kindern:

| k | 0 | 1 | 2 | 3 | 4 | >4 |
|---|---|---|---|---|---|----|
| n | 15 | 42 | 34 | 10 | 8 | 0 |

Wie viele Familien wohnen in dieser Straße?

**5.** Lucas' Zeugnis enthält elf Noten, und zwar nur Zweier und Dreier und einen Vierer. Finde die Anzahl der Zweier und Dreier heraus, wenn der Notensummenwert 30 ist.

**6.** Fünf Kinder haben die Masse 35 kg, 45 kg, 38 kg, 52 kg bzw. 40 kg. Füge möglichst wenige andere Massen so hinzu, dass der Zentralwert (Median) um 2 kg abnimmt.

**1  2  3  4  5  6**

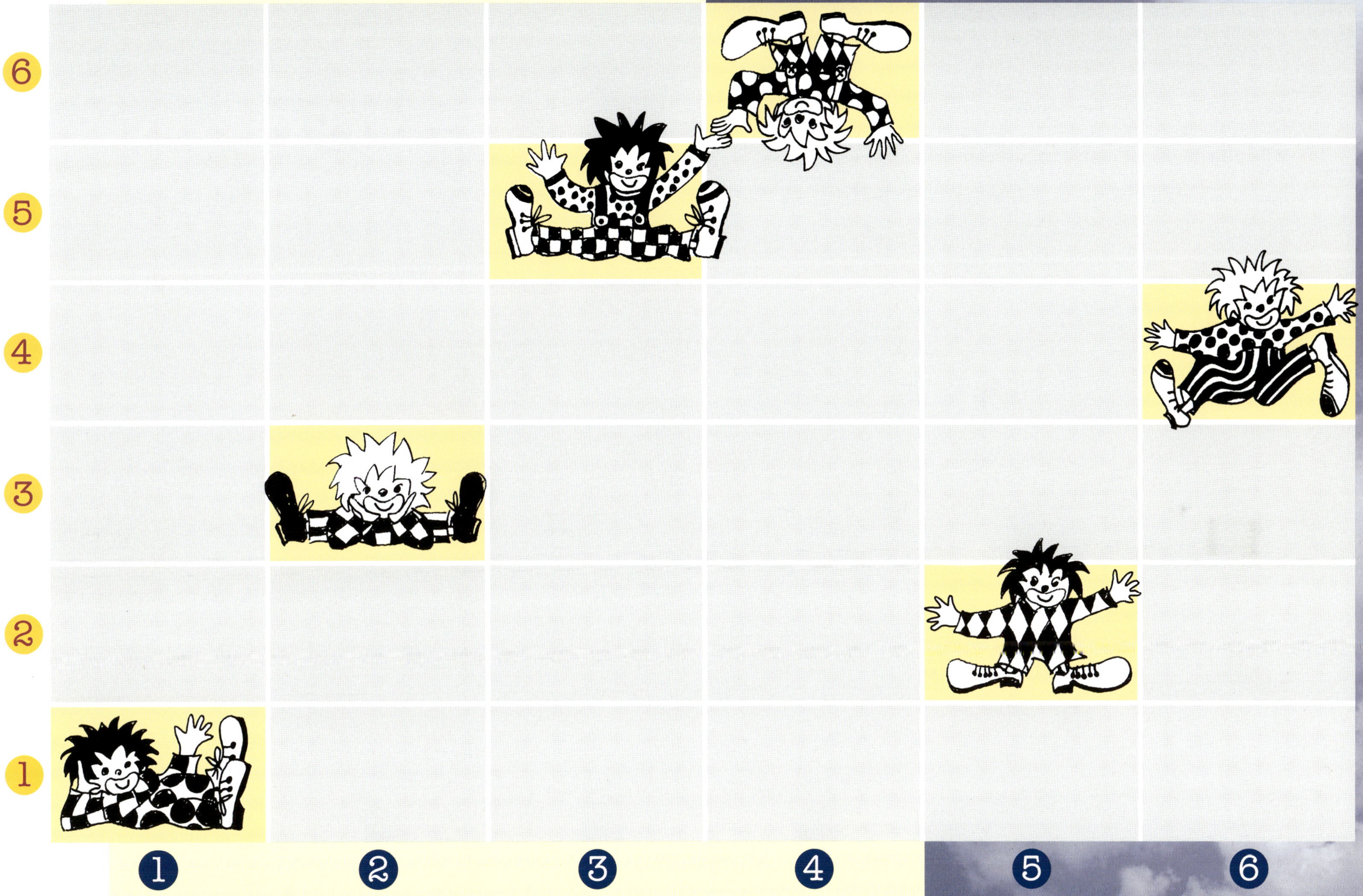
6
5
4
3
2
1
1 2 3 4 5 6

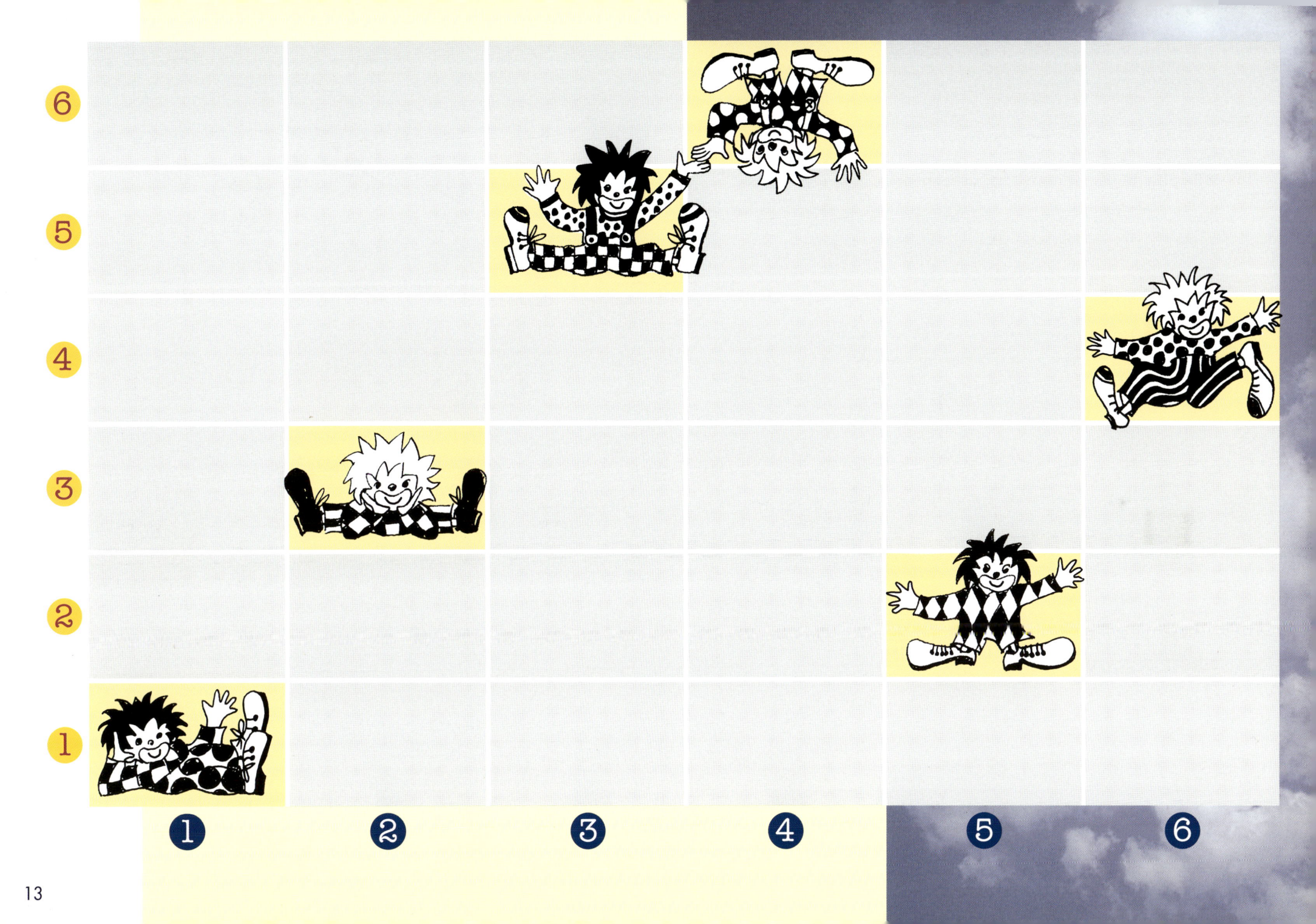

**Wenn du Hilfe beim geschickten Abzählen brauchst ...**

# Hilfe 2

Beispiele:

• In wie vielen verschiedenen Reihenfolgen können sich zwei, drei, vier, ..., n Personen (**A**nne, **B**en, **C**laudi, **D**irk ...) nebeneinander aufstellen?

| Anzahl der Personen | Anzahl der möglichen Reihenfolgen | Reihenfolgen |
|---|---|---|
| 2 | 2 = 1 · 2 = 2! | **AB**, **BA** |
| 3 | 6 = 1 · 2 · 3 = 3! | **ABC**, **ACB**, **BAC**, **BCA**, **CAB**, **CBA** |
| 4 | 24 = 1 · 2 · 3 · 4 = 4! | **ABCD**, **ABDC**, **ACBD**, **ACDB**, **ADBC**, **ADCB**,   **BACD**, **BADC**, **BCAD**, **BCDA**, **BDAC**, **BDCA**, **CABD**, **CADB**, **CBAD**, **CBDA**, **CDAB**, **CDBA**,   **DABC**, **DACB**, **DBAC**, **DBCA**, **DCAB**, **DCBA** |
| n | 1 · 2 · 3 · 4 · ... · n = n! | ... |

• In wie vielen verschiedenen Reihenfolgen können sich zwei, drei, vier, ... , n Personen (**A**nne, **B**en, **C**laudi, **D**irk ...) um einen runden Tisch setzen, wenn kein Platz „ausgezeichnet" wird?

| Anzahl der Personen | Anzahl der möglichen Reihenfolgen | Reihenfolgen |
|---|---|---|
| 2 | 1 | 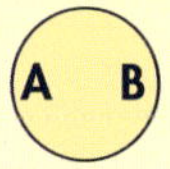 (A B) |
| 3 | 2 = 1 · 2 = 2! | 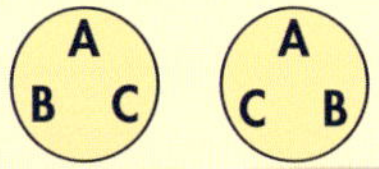 (A / B C), (A / C B) |
| 4 | 6 = 1 · 2 · 3 = 3! | 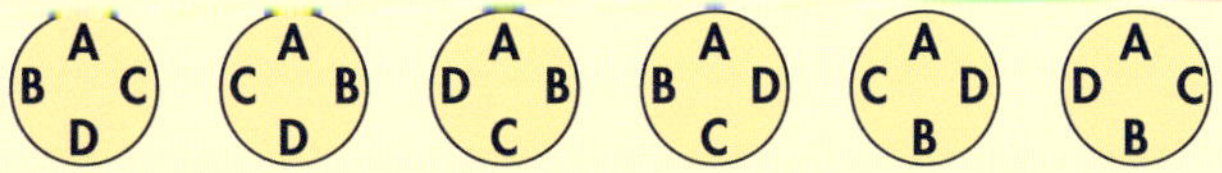 (A / B C / D), (A / C B / D), (A / D B / C), (A / B D / C), (A / C D / B), (A / D C / B) |
| n | 1 · 2 · 3 · ... · (n – 1) = (n – 1)! | ... |

• In wie vielen verschiedenen Reihenfolgen kann man vier Gummibärchen nebeneinander legen, wenn eines rot ist und drei grün sind?

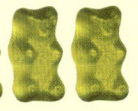

Anzahl der möglichen Reihenfolgen: 4! : (3!) = 4

*Viel Spaß und Erfolg beim Bingo-Blatt 2!*

## 2 Geschicktes Abzählen I

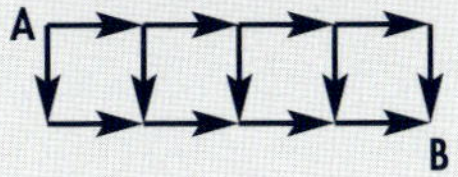

| | **1** | **2** | **3** | **4** | **5** | **6** |
|---|---|---|---|---|---|---|
| **6** | In wie vielen verschiedenen Reihenfolgen kannst du die Smilies ☺☺☹ nebeneinander anordnen? | Auf wie viele verschiedene Arten kannst du einen 10-€-Schein in 5-€-Scheine, 2-€-Münzen und/oder 1-€-Münzen wechseln? | In wie vielen verschiedenen Reihenfolgen kannst du die Smilies ☺☺☺☹ nebeneinander anordnen? | | Du würfelst viermal mit einem Spielwürfel. Wie viele verschiedene Möglichkeiten gibt es für den „Augensummenwert" 23? | Wie viele verschiedene vierstellige natürliche Zahlen kannst du mit den vier Ziffernkärtchen legen? [0] [1] [2] [4] |
| **5** | Berechne 3! + 5! [4! = 1 · 2 · 3 · 4 = 24] | Berechne 6! : (3! + 4!) [5! = 1 · 2 · 3 · 4 · 5 = 120] | | In wie vielen verschiedenen Reihenfolgen kannst du die Smilies ☺☺☹ auf einem Kreis anordnen? | Der Quersummenwert von Lucas' vierstelliger PIN ist 10; jede Ziffer ist gerade, keine ist 0. Wie viele verschiedene Möglichkeiten gibt es? | In wie vielen verschiedenen Reihenfolgen kannst du die Smilies ☺☺☺☹ nebeneinander anordnen? |
| **4** | Wie viele verschiedene „Augensummenwerte" kannst du erhalten, wenn du zwei Spielwürfel gleichzeitig wirfst? | Setze statt ■ eines der Zeichen <, > bzw. =, sodass aus $4^3 \blacksquare 4!$ eine wahre Aussage entsteht. [3! = 1 · 2 · 3 = 6] | In wie vielen verschiedenen Reihenfolgen kannst du die Smilies ☺☺☺☹ nebeneinander anordnen? | Auf wie viele verschiedene Arten kannst du das Dreieck durch ein weiteres Dreieck zu einem Parallelogramm ergänzen? | Wie viele verschiedene „Einbahnwege" führen von A über C nach B? | |
| **3** | Wie viele verschiedene vierstellige natürliche Zahlen kannst du mit den vier Ziffernkärtchen legen? [1] [2] [4] [8] | | Finde den Wert des Terms 10! : (8!) durch Überlegen. [4! = 1 · 2 · 3 · 4 = 24] | Du würfelst viermal mit einem Spielwürfel. Wie viele verschiedene Möglichkeiten gibt es für den „Augensummenwert" 22? | Wie viele verschiedene Produkte aus zwei natürlichen Zahlen haben den Wert 60? | Wie viele verschiedene „Einbahnwege" führen von A nach B? |
| **2** | **A**LEX, **B**EA, **C**LAUS, **D**ORIS und **E**DI sitzen nebeneinander auf einer Parkbank. Wie viele verschiedene Sitzordnungen gibt es? | Wie viele verschiedene „Wörter" mit zwei verschiedenen Buchstaben kannst du aus den drei Buchstaben I, S und E bilden? | Finde durch Überlegen und Abschätzen heraus, ob die Aussage $10^{10} > 10!$ wahr ist. ■ Die Aussage ist wahr. ■ Die Aussage ist falsch. [4! = 1 · 2 · 3 · 4 = 24] | In wie vielen verschiedenen Reihenfolgen kannst du eine 2-€-Münze und zwei 1-€-Münzen nebeneinander anordnen? | | In wie vielen verschiedenen Reihenfolgen kannst du vier Aufgaben lösen, wenn du die Aufgabe 1 als erste bearbeitest? |
| **1** | | Wie viele verschiedene „Wörter" mit drei verschiedenen Buchstaben kannst du aus den drei Buchstaben I, S und E bilden? | Wie viele verschiedene „Einbahnwege" führen von A über C nach B? | Du würfelst zweimal mit einem Spielwürfel und addierst die Augenanzahlen. Wie viele verschiedene Möglichkeiten für einen geraden Summenwert gibt es? | Lucas hat drei verschiedene Münzen (1 €; 2 €; 5 ct). Auf wie viele verschiedene Arten kann er sie auf seine zwei Hosentaschen verteilen? | Wie viele verschiedene „Einbahnwege" führen von A nach B? |

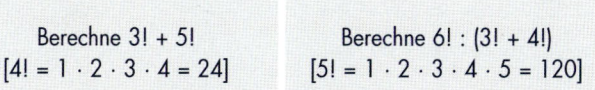

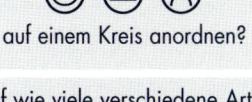

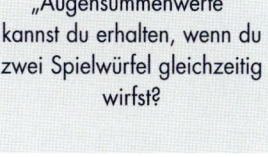

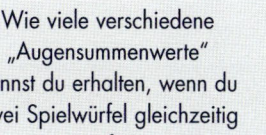

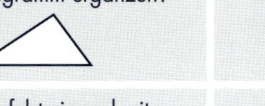

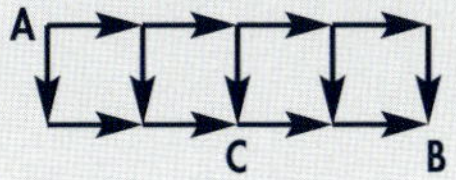

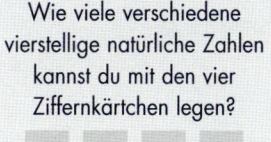

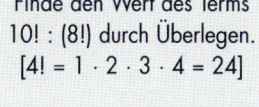

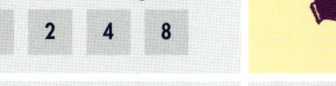

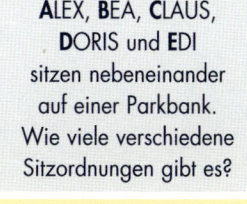

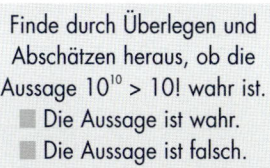

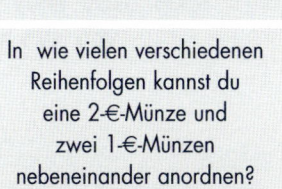

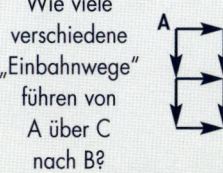

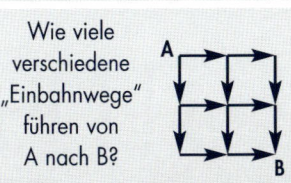

17

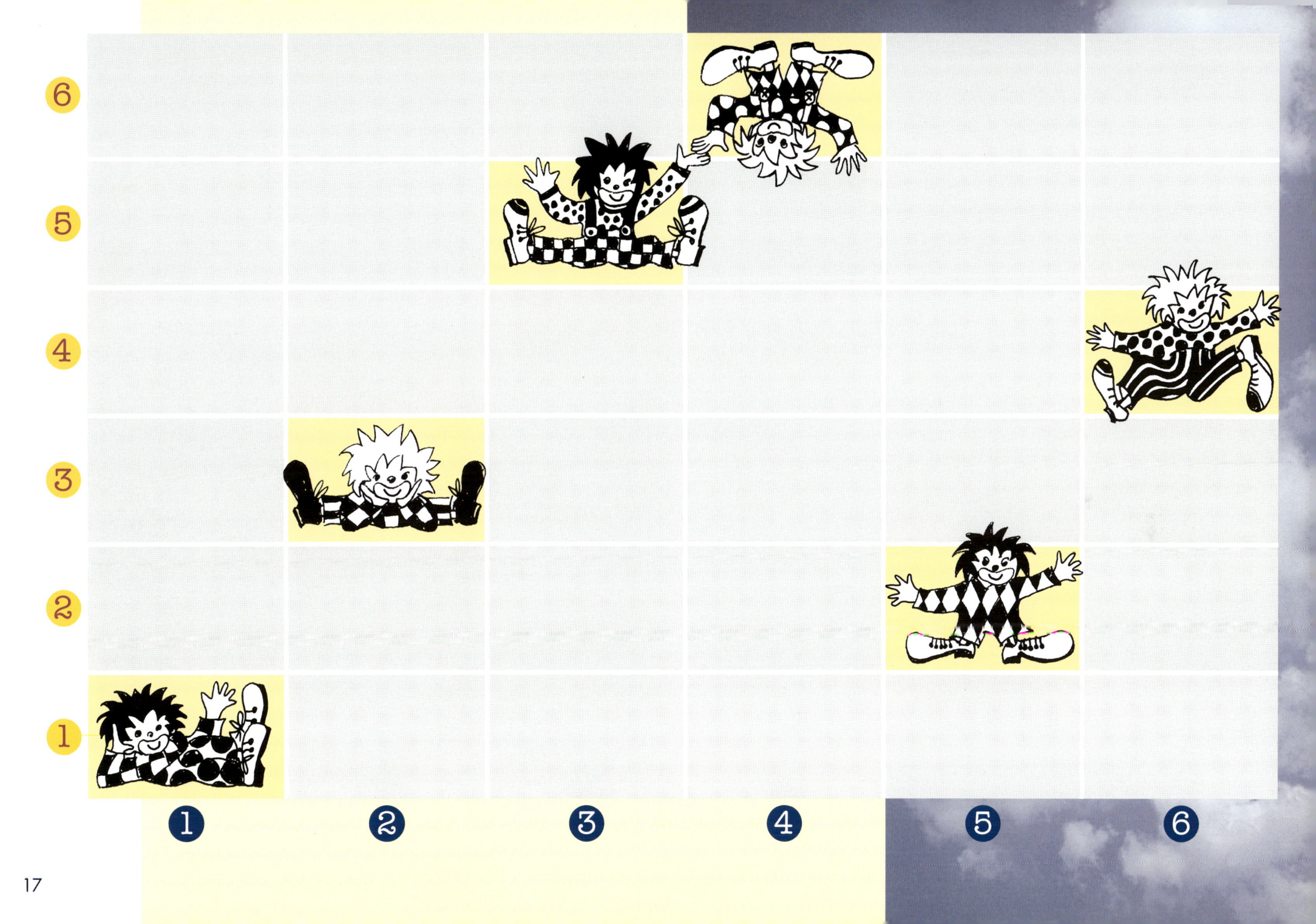

### 3 Hilfe — Wenn du Hilfe beim geschickten Abzählen „rund um die PIN" brauchst ...

Jede Scheckkarte und jedes Handy besitzt eine Geheimnummer, die „Persönliche Identifikations-Nummer", kurz **PIN** genannt. Sie ist eine vierstellige Nummer; auf jeder der vier Stellen kann eine der zehn Ziffern von 0 bis 9 stehen. Es sind also alle Nummern von 0000 bis 9999 möglich.
Wer z.B. an einem Automaten Geld abheben möchte, muss seine **PIN** eingeben. Zur richtigen Eingabe hat man drei Versuche; wenn auch beim dritten Versuch die korrekte Eingabe noch nicht erfolgt ist, sperrt der Automat die Karte und zieht sie ein.

Beispiele:

- Wie viele verschiedene vierstellige **PIN**s gibt es?

  Lösung: Für jede der vier Stellen sind 10 verschiedene Ziffern möglich. Also gibt es (10 · 10 · 10 · 10 =) 10 000 verschiedene vierstellige **PIN**s.

- Wie viele verschiedene vierstellige **PIN**s mit lauter verschiedenen Ziffern gibt es?

  Lösung: Für die erste Stelle ist jede der zehn Ziffern, für die zweite Stelle jede der übrigen neun, für die dritte Stelle jede der verbleibenden acht und für die vierte Stelle jede der restlichen sieben Ziffern möglich. Also gibt es (10 · 9 · 8 · 7 =) 5 040 **PIN**s mit vier verschiedenen Ziffern, nämlich 0123; 0124; 0125; ... ; 9875; 9876.

- Wie viele verschiedene vierstellige **PIN**s gibt es, deren Ziffern den Produktwert 14 haben?

  Lösung: 14 = 2 · 7; jede der gesuchten **PIN**s kann also nur die Ziffern 7 und 2 und 1 und nochmals 1 enthalten. Es gibt bei vier Ziffern (davon zwei gleiche) [4! : (2!) = 24 : 2 =] 12 verschiedene Möglichkeiten für solche **PIN**s, nämlich 7211; 7121; 7112; 2711; 2171; 2117; 1721; 1712; 1271; 1217; 1172 und 1127.

Viel Spaß und Erfolg beim Bingo-Blatt 3!

## Geschicktes Abzählen II „Rund um die PIN" → 3

Alle PINs auf diesem Bingo-Blatt besitzen vier Ziffern.

**6**

Wie viele verschiedene Möglichkeiten gibt es für eine vierstellige Handy-PIN?

Der Produktwert der Ziffern von Lenas Handy-PIN ist 6 561. Wie lautet Lenas PIN?

Der Quersummenwert von Rolfs Handy-PIN ist 35. Wie könnte Rolfs PIN lauten? Gib alle Möglichkeiten an.

Der Quersummenwert von Hannas Handy-PIN ist 34. Wie könnte Hannas PIN lauten? Gib alle Möglichkeiten an.

Zwei Ziffern von Karins Handy-PIN sind 0; die beiden anderen sind verschiedene Kubikzahlen. Wie viele verschiedene Möglichkeiten gibt es?

**5**

Manuelas Handy-PIN ist gerade und hat die Ziffern 1; 3; 4 und 5. Wie könnte ihre PIN lauten? Gib alle Möglichkeiten an.

Der Quersummenwert von Svens Handy-PIN ist 2. Wie könnte Svens PIN lauten? Gib alle Möglichkeiten an.

Alle Ziffern von Verenas Handy-PIN sind gerade. Wie viele verschiedene Möglichkeiten gibt es für Verenas PIN, wenn mindestens drei der Ziffern 8 sind?

Simons und Sarahs Handy-PINs unterscheiden sich um 2 301. Wie könnte Simons PIN lauten, wenn Sarahs PIN 4918 ist?

Inges Handy-PIN ist eine Palindromzahl; der Quersummenwert ist 14. Wie könnte Inges PIN lauten? Gib alle Möglichkeiten an.

**4**

Annas und Bennos Handy-PINs bestehen beide aus den Ziffern 2; 4; 7 und 9. Annas PIN ist um 5 463 größer als Bennos. Wie lautet Annas PIN?

Beas und Kais Handy-PINs bestehen beide aus den Ziffern 8; 4; 3 und 1. Um höchstens wie viel können sie sich unterscheiden?

Der Produktwert der Ziffern von Elfis Handy-PIN ist 2 401. Wie lautet Elfis PIN?

Andreas Handy-PIN ist fünfmal so groß wie Brittas PIN. Welchen Wert kann Brittas PIN höchstens haben?

Alle Ziffern von Rias Handy-PIN sind Quadratzahlen; sie haben den Summenwert 26. Wie könnte Rias PIN lauten? Gib alle Möglichkeiten an.

**3**

Der Produktwert der Ziffern von Stefans Handy-PIN ist 21. Wie viele verschiedene Möglichkeiten gibt es für Stefans PIN? Gib sie alle an.

Der Summenwert der Ziffern von Hannas Handy-PIN ist 5, der Produktwert ist 2. Wie könnte Hannas PIN lauten? Gib alle Möglichkeiten an.

Der Produktwert der Ziffern von Monas Handy-PIN ist 375. Wie könnte Monas PIN lauten? Gib alle Möglichkeiten an.

Beas und Kais Handy-PINs sind verschieden, bestehen aber aus den gleichen Ziffern 5; 7; 3 und 9. Um mindestens wie viel unterscheiden sie sich?

Der Produktwert der Ziffern von Birgits Handy-PIN ist 4 096. Wie lautet Birgits PIN?

**2**

Evas Handy-PIN enthält nur zwei verschiedene Ziffern; der Produktwert aller Ziffern ist 36. Wie könnte Evas PIN lauten? Gib alle Möglichkeiten an.

Der Summenwert der Ziffern von Ritas Handy-PIN ist 6, der Produktwert ist 3. Wie könnte Ritas PIN lauten? Gib alle Möglichkeiten an.

Alle Ziffern von Verenas Handy-PIN sind Primzahlen. Wie viele verschiedene Möglichkeiten gibt es für Verenas PIN, wenn alle Ziffern verschieden sind?

Gesas Handy-PIN ist eine Palindromzahl; der Quersummenwert ist 8. Wie könnte Gesas PIN lauten? Gib alle Möglichkeiten an.

Die Gegenzahl von Dominiks Handy-PIN ist um 3 990 kleiner als die PIN. Wie lautet Dominiks PIN?

**1**

Die Tausenderziffer von Leos Handy-PIN ist 8, die Zehnerziffer 7; die Einerziffer ist dreimal so groß wie die Hunderterziffer. Wie könnte Leos PIN lauten? Gib alle Möglichkeiten an.

Alle Ziffern von Lindas Handy-PIN sind Primzahlen. Wie viele verschiedene Möglichkeiten gibt es für Lindas PIN, wenn genau drei der Ziffern 7 sind?

Der Produktwert der Ziffern von Monas Handy-PIN ist 625. Wie lautet Monas PIN?

Susis Handy-PIN ist eine Palindromzahl; der Produktwert der Ziffern ist 100. Wie könnte Susis PIN lauten? Gib alle Möglichkeiten an.

Wie viele verschiedene PINs lassen sich aus den Ziffern 2; 3; 4 und 5 bilden, wenn jede der Ziffern auch mehr als einmal vorkommen darf?

**①  ②  ③  ④  ⑤  ⑥**

21

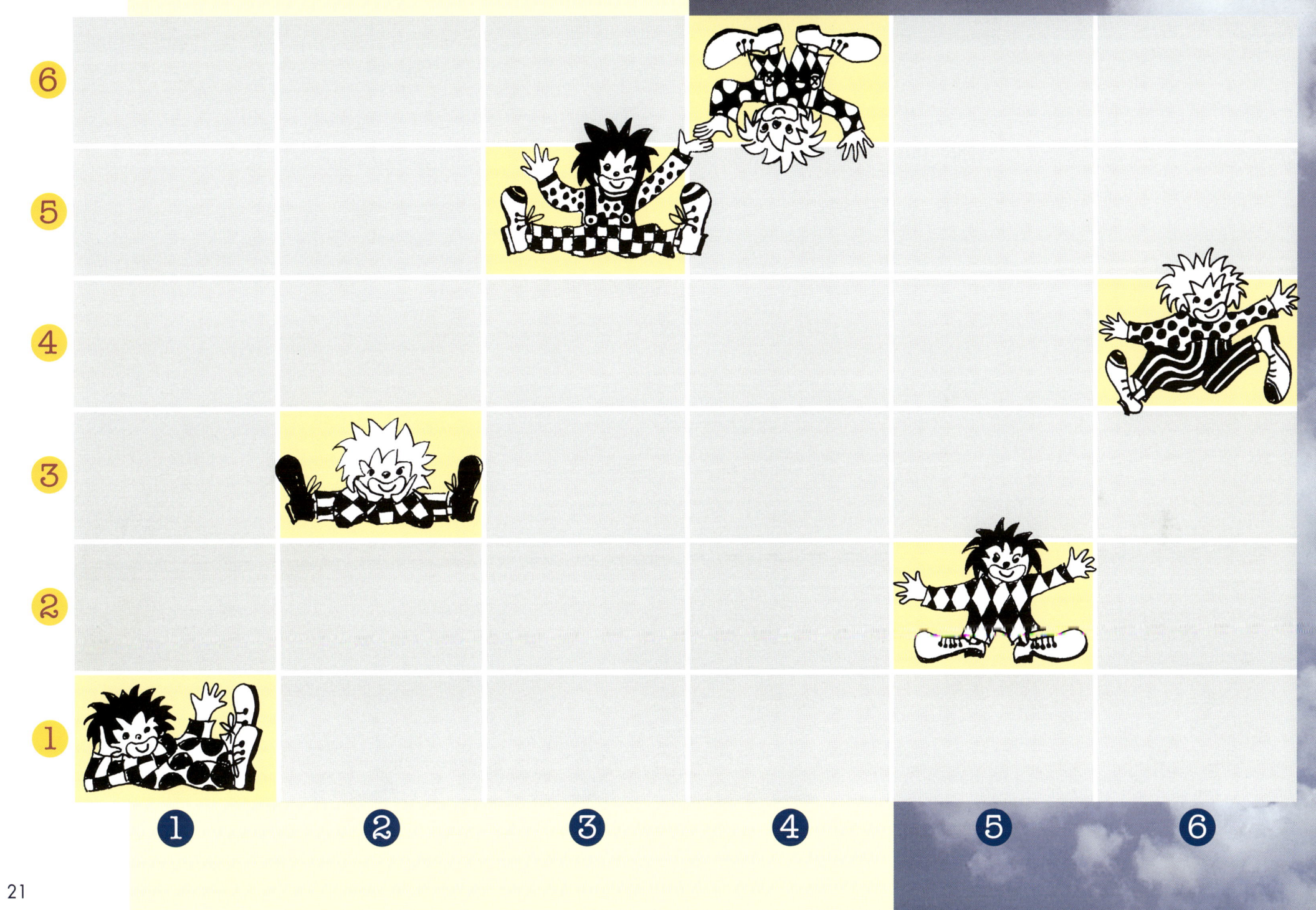

## Wenn du Hilfe beim Bestimmen von absoluten und relativen Häufigkeiten und ihrer Darstellung brauchst ...

# Hilfe 4

Beispiele:

- Jakob führt ein Zufallsexperiment (z.B. das Werfen einer 1-€-Münze) mehrmals (z.B. 100-mal) durch; dabei wirft er 49-mal „Zahl".

  49 ist die **absolute Häufigkeit** des Versuchsergebnisses „Zahl"; $\frac{49}{100}$ (= 49 %) ist die **relative Häufigkeit** dieses Versuchsergebnisses.

- Kathrin stellt das Alter der Kinder ihrer Klasse in einem **Säulendiagramm**, in einem **Kreisdiagramm** und in zwei **Vierfeldertafeln** dar.

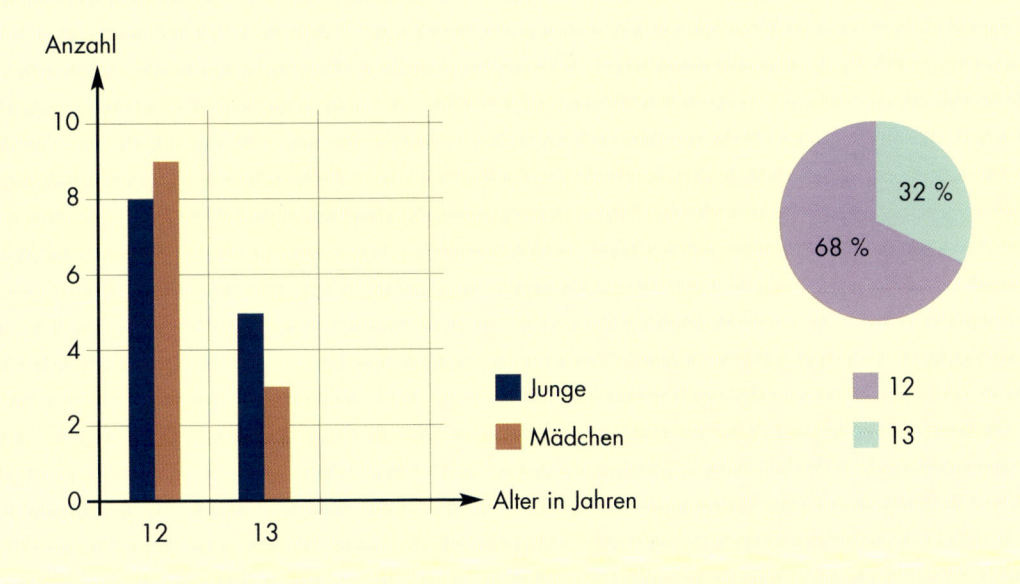

Absolute Häufigkeit

|      | Jungen | Mädchen |    |
|------|--------|---------|----|
| 12 a | 8      | 9       | 17 |
| 13 a | 5      | 3       | 8  |
|      | 13     | 12      | 25 |

Relative Häufigkeit

|      | Jungen | Mädchen |       |
|------|--------|---------|-------|
| 12 a | 32 %   | 36 %    | 68 %  |
| 13 a | 20 %   | 12 %    | 32 %  |
|      | 52 %   | 48 %    | 100 % |

In Kathrins Klasse gehen 13 Jungen und 12 Mädchen. 17 dieser 25 Kinder (8 Jungen und 9 Mädchen) sind 12 Jahre alt; 8 Kinder (5 Jungen und 3 Mädchen) sind 13 Jahre alt.

Das Säulendiagramm veranschaulicht **absolute Häufigkeiten (Anzahlen)**, das Kreisdiagramm **relative Häufigkeiten (Anteile)**; die obere Vierfeldertafel enthält **absolute Häufigkeiten (Anzahlen)**, die untere **relative Häufigkeiten (Anteile)**.

Allgemein: **relative Häufigkeit** = $\dfrac{\text{absolute Häufigkeit}}{\text{Gesamtzahl}}$

Viel Spaß und Erfolg beim Bingo-Blatt 4!

# Absolute und relative Häufigkeit I — 4

## 6

**Ergänze die Vierfeldertafel.**

| | 10 Jahre oder älter | jünger als 10 Jahre |
|---|---|---|
| kann schwimmen | 65 | |
| kann nicht schwimmen | 9 | 8 |
| | | 96 |

**Wie viel Prozent der Kinder erhielten eine bessere Note als 3?**

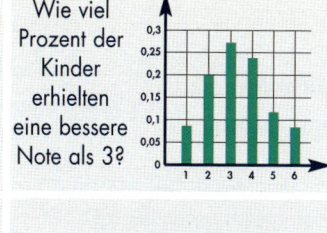

**Wie viel Prozent der Kinder kommen nicht zu Fuß zur Schule?**

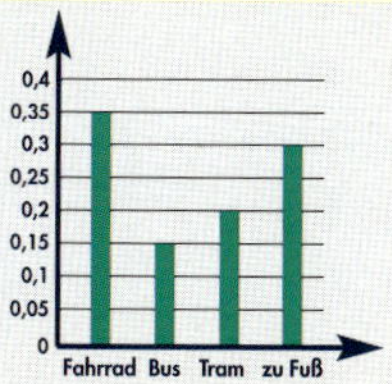

**Eine Ärztin hat jeden zweiten Sonntag dienstfrei. Kann sie in einem Monat an drei Sonntagen dienstfrei haben?**

**Wenn Laura höchstens 12 % von 50 Punkten fehlen, hat sie mindestens ____ Punkte erreicht.**

## 5

**Wenn Gregor 42 von 50 Punkten erreicht hat, hat er ____ % der Höchstpunktzahl erreicht.**

**Wenn Laura 7 von 50 Punkten fehlen, hat sie ____ % der Höchstpunktzahl erreicht.**

**Gib die relative Häufigkeit von △ in Prozent an.**

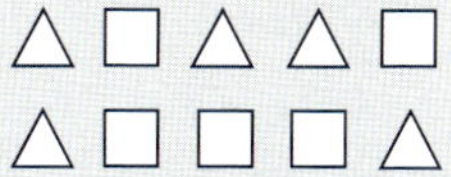

**Gib die relative Häufigkeit von „dunkel" in Prozent an.**

**Welche der beiden relativen Häufigkeiten ist größer, „10 von 50" oder „3 von 10"?**

## 4

**Bei zehn Würfen mit einem Spielwürfel hat Sophie dreimal die Augenanzahl 6 geworfen. Wie viel Prozent aller ihrer Würfe sind das?**

**Wenn es an 12 von 15 Ferientagen geregnet hat, hat es nur an ____% der Ferientage nicht geregnet.**

**Wenn alle Schüler weiter als 3,80 m gesprungen sind, sind ____ % von ihnen weiter als 3,80 m gesprungen.**

**Gib die absolute Häufigkeit von ▲ an.**

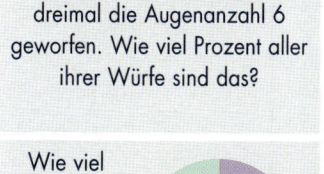

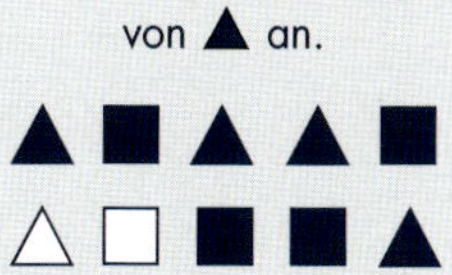

**Lucas' Omnibus hatte an 9 von 20 Tagen Verspätung. An wie viel Prozent dieser 20 Tage kam der Bus nicht verspätet?**

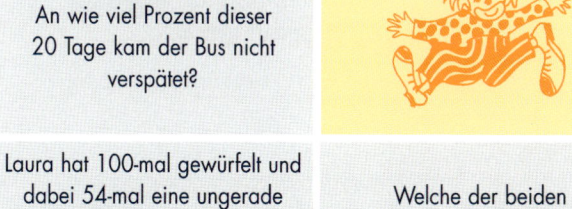

## 3

**Wie viel Prozent der Pullover haben Größe S?**

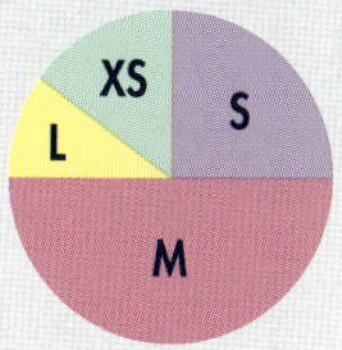

**Laura hat 100-mal gewürfelt und dabei 54-mal eine ungerade Zahl und 18-mal eine 2 geworfen. Mit welcher relativen Häufigkeit hat sie eine 4 oder eine 6 geworfen?**

**Bei der letzten Mathematikarbeit haben sich zwölf der 25 Schüler und Schülerinnen der Klasse 6 A verbessert. Wie viel Prozent haben sich verbessert?**

**Laura hat 100-mal gewürfelt und dabei 54-mal eine ungerade Zahl, 12-mal eine 3 und 28-mal eine 2 oder eine 4 geworfen. Wie oft hat sie ein Vielfaches von 3 geworfen?**

**Welche der beiden relativen Häufigkeiten ist größer, „zwei von drei" oder „drei von vier"?**

## 2

**Ergänze die Vierfeldertafel.**

| | hat Haustier(e) | hat kein Haustier |
|---|---|---|
| Junge | 0,27 | 0,23 |
| Mädchen | 0,40 | |
| | | 1 |

**Laura hat 100-mal gewürfelt und dabei 54-mal eine ungerade Zahl, 12-mal eine 1 und 18-mal eine 2 geworfen. Wie viele Primzahlen hat sie geworfen?**

**Bei einem Test haben sich zwölf von 25 Schülern der Klasse 6 A verbessert. Höchstens wie viel Prozent der Schüler der Klasse 6 A haben sich verschlechtert?**

**Laura hat 100-mal gewürfelt und dabei 54-mal eine ungerade Zahl, 12-mal eine 1 und 18-mal eine 2 geworfen. Wie oft hat sie eine gerade Zahl geworfen?**

**Wie viel Prozent der Kinder erhalten mindestens 10 € Taschengeld**

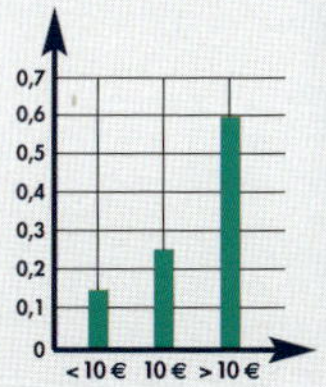

## 1

**Ergänze die Vierfeldertafel!**

| | spielt gern Fußball | spielt nicht gern Fußball |
|---|---|---|
| Junge | 0,44 | 0,66 |
| Mädchen | 0,08 | |
| | | 1 |

**Laura hat 100-mal gewürfelt und dabei 54-mal eine ungerade Zahl, zwölfmal eine 1 und 18-mal eine 2 geworfen. Wie oft hat sie eine 4 oder eine 6 geworfen?**

**Beim Wettkampf konnten sich drei von vier Schülerinnen verbessern. Gib die relative Häufigkeit in Prozent an.**

**Wie viel Prozent der Kinder erhalten höchstens 10 € Taschengeld?**

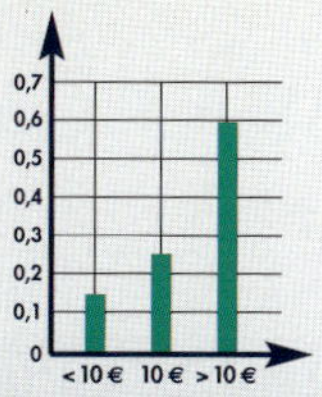

**Wie viel Prozent dieser vier Körper sind Prismen?**

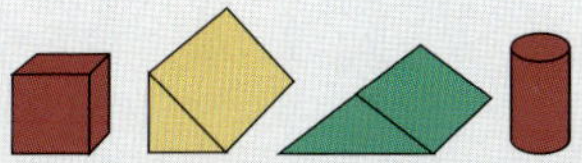

1   2   3   4   5   6

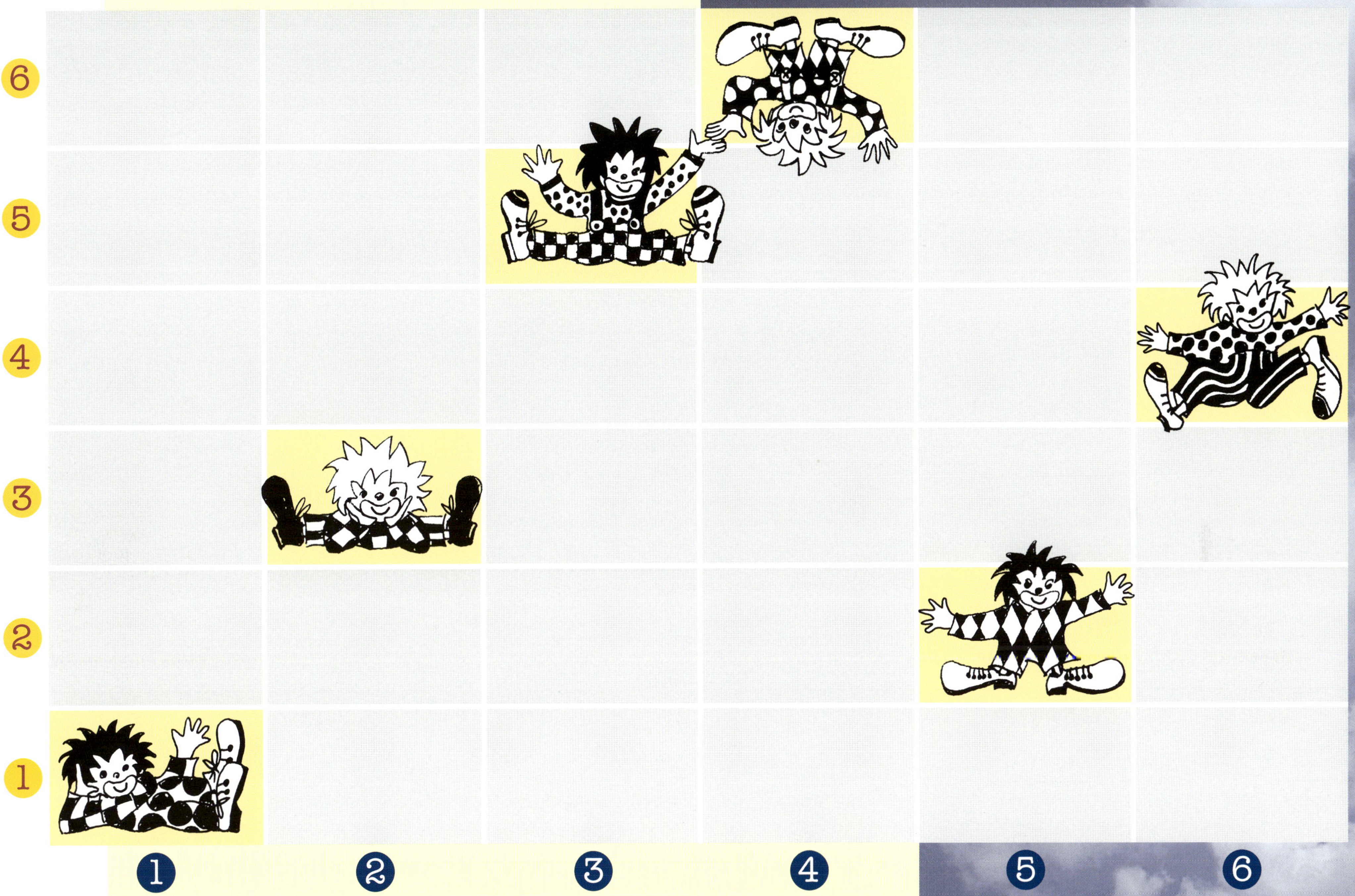
6
5
4
3
2
1
1 2 3 4 5 6

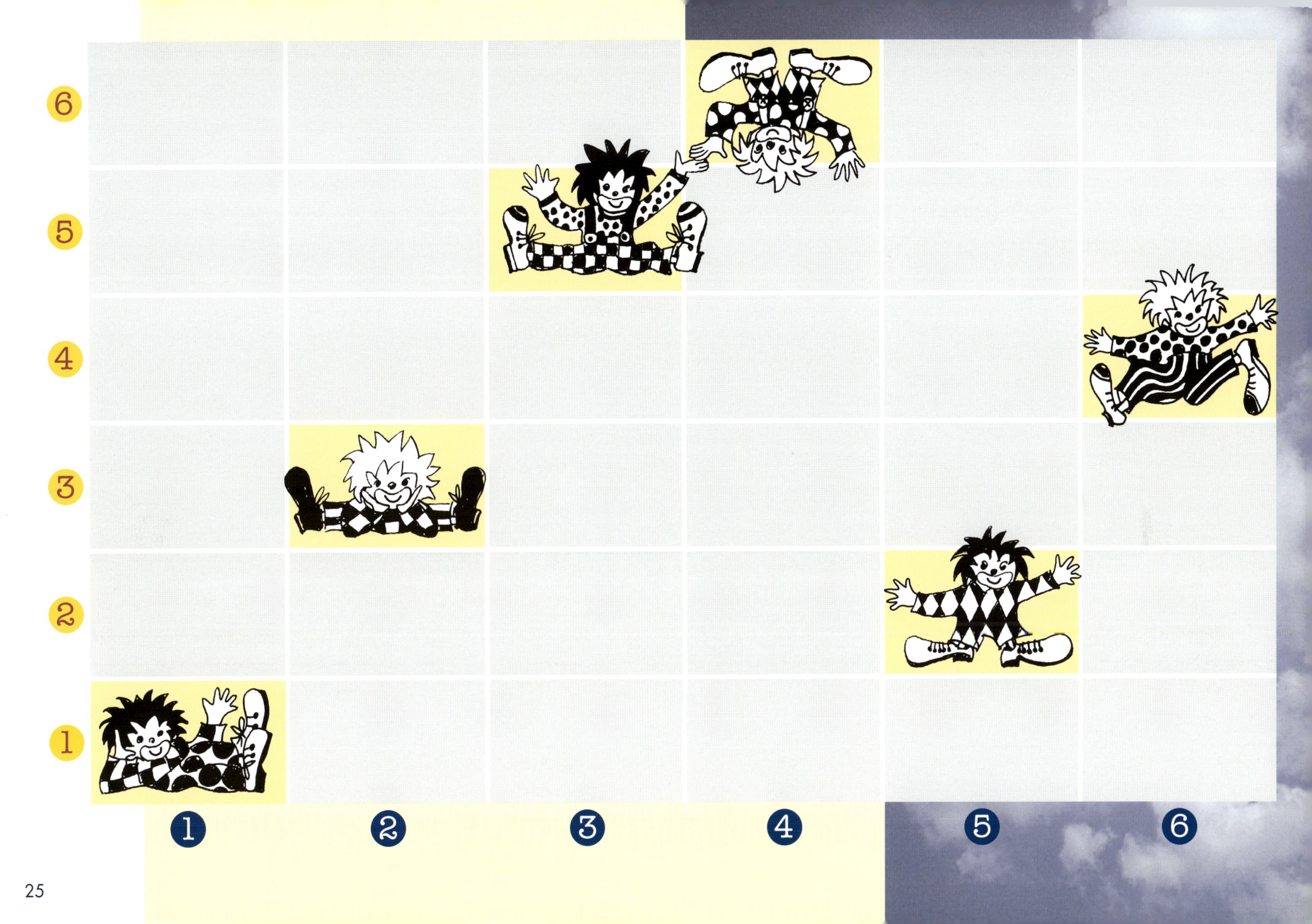

## Hilfe 5 — Wenn du Hilfe beim Bestimmen von Häufigkeiten und von Mittelwerten brauchst ...

Beispiel:
- Jakob stellt anhand seiner Ergebnisse 4,50 m; 4,55 m; 4,90 m; 4,50 m; 4,50 m; 5,00 m; 4,20 m; 4,80 m; 4,90 m beim letzten Weitsprungtraining fest:
  - Meine beste Sprungweite war 5,00 m, meine schlechteste 4,20 m.
  - Im Durchschnitt bin ich 4,65 m weit gesprungen.
  - Am häufigsten bin ich 4,50 m weit gesprungen.
  - Ich bin ebenso oft (nämlich viermal) weniger weit als 4,55 m wie weiter als 4,55 m gesprungen.

Dementsprechend unterscheidet man

- das **arithmetische Mittel** (den **Durchschnittswert**, oft kurz: **Mittelwert**) = $\frac{\text{Summe aller Einzelwerte}}{\text{Anzahl aller Einzelwerte}}$ :
  Jakobs durchschnittliche Sprungweite war
  (4,50 m + 4,55 m + 4,90 m + 4,50 m + 4,50 m + 5,00 m + 4,20 m + 4,80 m + 4,90 m) : 9 = 41,85 m : 9 = **4,65 m**.

- den **Modalwert**; er ist der häufigste Wert:
  Jakobs häufigste Sprungweite war **4,50 m**.

- den **Zentralwert (Median)**; er befindet sich in der Mitte der **Rangliste**:
  4,20 m; 4,50 m; 4,50 m; 4,50 m; **4,55 m**; 4,80 m; 4,90 m; 4,90 m; 5,00 m
  
  4 Sprungweiten unter 4,55 m     4 Sprungweiten über 4,55 m

  Der Zentralwert (Median) von Jakobs Sprungweiten war **4,55 m**.

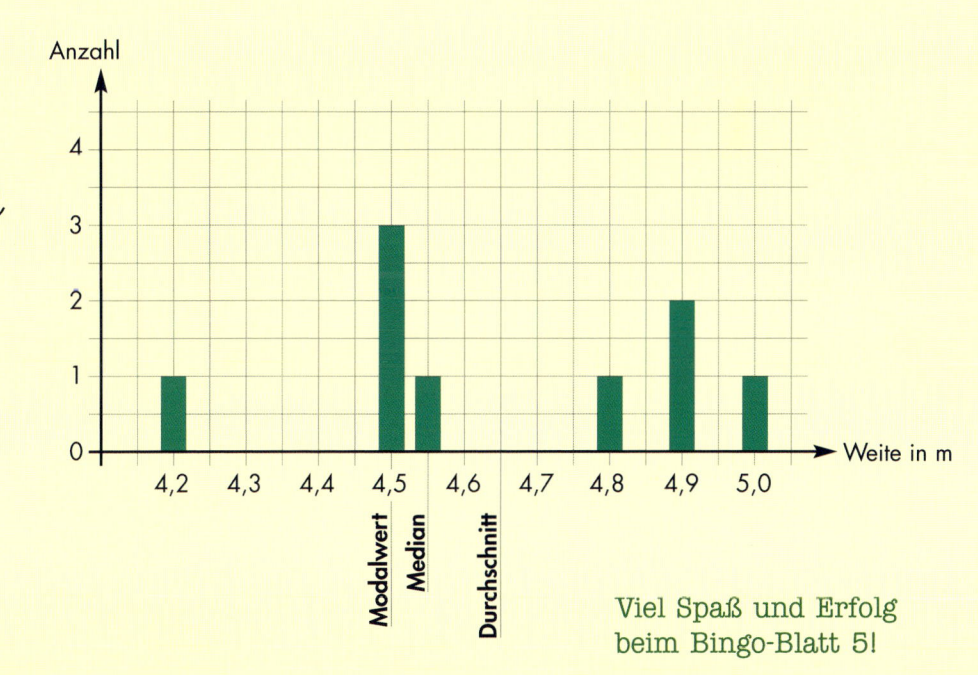

Viel Spaß und Erfolg beim Bingo-Blatt 5!

# Absolute und relative Häufigkeit II – Mittelwert

**6**

Alex wurde mit 18 von 24 Stimmen zum Klassensprecher gewählt. Wurde er mit absoluter Mehrheit gewählt?

Welches ist die häufigste Note bei dieser Schulaufgabe?

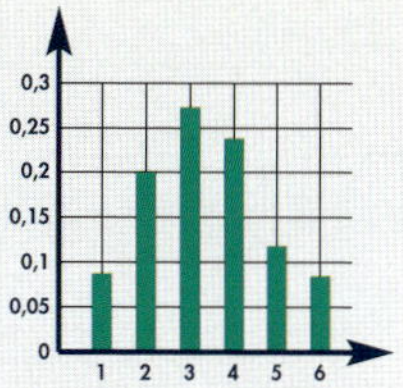

„Das Spiel ist die schönste Art, eine Sache zu beginnen."
(Leibniz)
Bestimme die relative Häufigkeit des Buchstabens **e** in diesem Satz.

Bei einer Sammlung wurden 3 €; 0,8 €; 2,9 €; 0,5 €; 0,7 €; 3 € bzw. 1 € gespendet. Ermittle das arithmetische Mittel und den Median (Zentralwert) dieser Spenden.

Wie viel Prozent dieser fünf Figuren sind Trapeze?

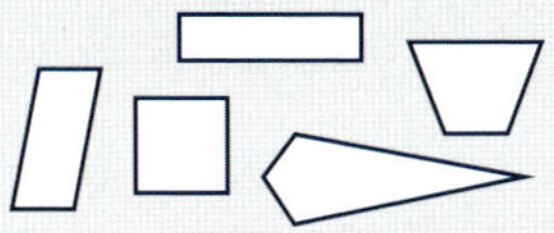

---

**5**

Alex wurde mit 18 von 24 Stimmen zum Klassensprecher gewählt. Wie viel Prozent aller Stimmen erhielt er nicht?

Lucas' Fußballmannschaft erzielte bei den letzten Spielen 2; 3; 0; 1; 4; 2; 0; 0; 3 bzw. 5 Tore. Gib arithmetisches Mittel, Median und Modalwert an.

**„We cannot command the winds but we can set the sails."**
Bestimme die relative Häufigkeit des Buchstabens **e** in diesem Satz.

Wie viel Prozent dieser acht Figuren sind Parallelogramme?

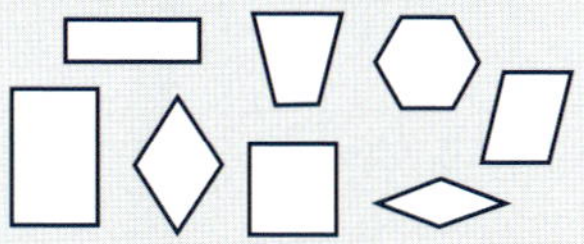

Eine Fernsehshow wurde mit Punkten von –3 bis 3 beurteilt: 2,4; 3,0; –1,5; 1,1; –2,4; –2,9; 0,5; 1,4; 2,0. Gib das arithmetische Mittel und den Median an.

---

**4**

Berechne die Durchschnittsnote.

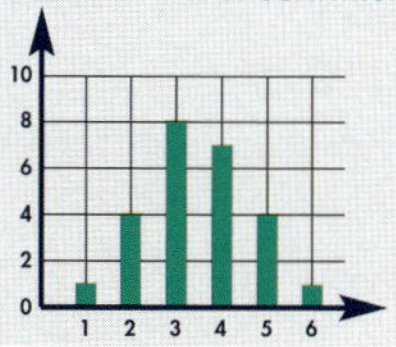

Wie viele Diagonalen hat jedes regelmäßige Sechseck?

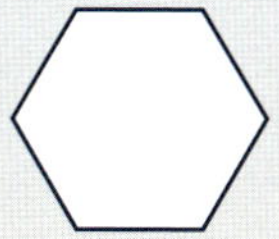

Ändere zwei der Zahlen 30; 15; 43; 28 und 54 so ab, dass sowohl der Median wie auch das arithmetische Mittel unverändert bleibt.

Lucas „verwandelte" 8 von 12 Elfmeterschüssen. Bei wie viel Prozent dieser Elfmeterschüsse war er nicht erfolgreich?

Ergänze die Vierfeldertafel.

| | spielt Musikinstrument(e) | spielt kein Instrument | |
|---|---|---|---|
| **Junge** | 0,22 | | 0,42 |
| **Mädchen** | | | |
| | 0,50 | | 1 |

---

**3**

Körpergrößen: 1,56 m; 1,34 m; 1,54 m; 1,51 m; 1,44 m; 1,41 m; 1,63 m. Berechne die Durchschnittsgröße und gib den Median (Zentralwert) an.

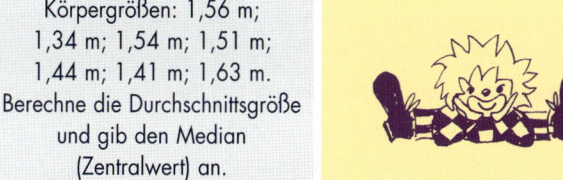

Wie viele von 678 Stimmen braucht Tina, um mit absoluter Mehrheit gewählt zu werden?

Wer hat Schulden, wer das größte Guthaben?

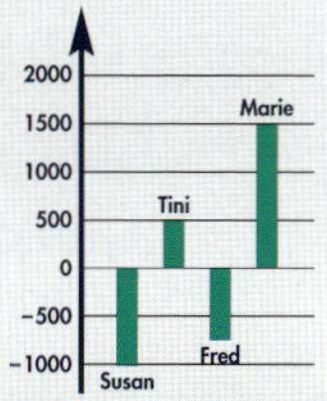

Begründe: Die Darstellung der Daten ist nicht korrekt.

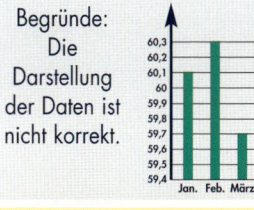

Gib $\frac{1}{20}$ als Dezimalzahl und in Prozent an.

---

**2**

Die Anzahl der Beschäftigten in den neun Betrieben einer Gemeinde beträgt 3; 5; 8; 15; 18; 20; 22; 39 bzw. 95. Ermittle das arithmetische Mittel und den Median.

Bei wie vielen zweistelligen Quadratzahlen ist die Einerziffer ungerade?

Sophie: IIII IIII III
Gregor: IIII IIII II
Wie viel Prozent der Stimmen erhielt Sophie, wie viel Gregor?

Beim Wettkampf konnten sich vier von fünf Schülern verbessern. Gib die relative Häufigkeit in Prozent an.

Wie viel Prozent der zehn Zahlen 0,5; 0,8; $0,\bar{3}$; 0,04; 0,05; 0,01; 0,53; $0,\bar{1}$; 0,3 und 0,101 lassen sich als Stammbrüche darstellen?

---

**1**

Erkläre die Tabelle.

| | 6 | nicht 6 | |
|---|---|---|---|
| **rot** | 16 | 84 | 100 |
| **nicht rot** | 24 | 76 | 100 |
| | 40 | 160 | 200 |

Bei wie viel Prozent aller zweistelligen Quadratzahlen ist die Zehnerziffer ungerade?

Beim Wettkampf konnte sich nur eine von fünf Schülerinnen nicht verbessern. Gib die relative Häufigkeit in Prozent an.

Begründe: Die Darstellung der Daten ist nicht korrekt.

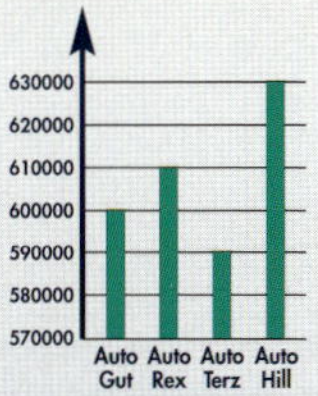

Begründe: Die Darstellung der Daten kann korrekt sein.

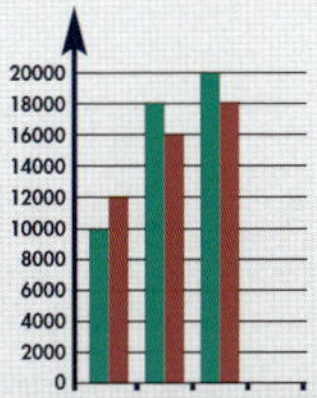

---

**1  2  3  4  5  6**

29

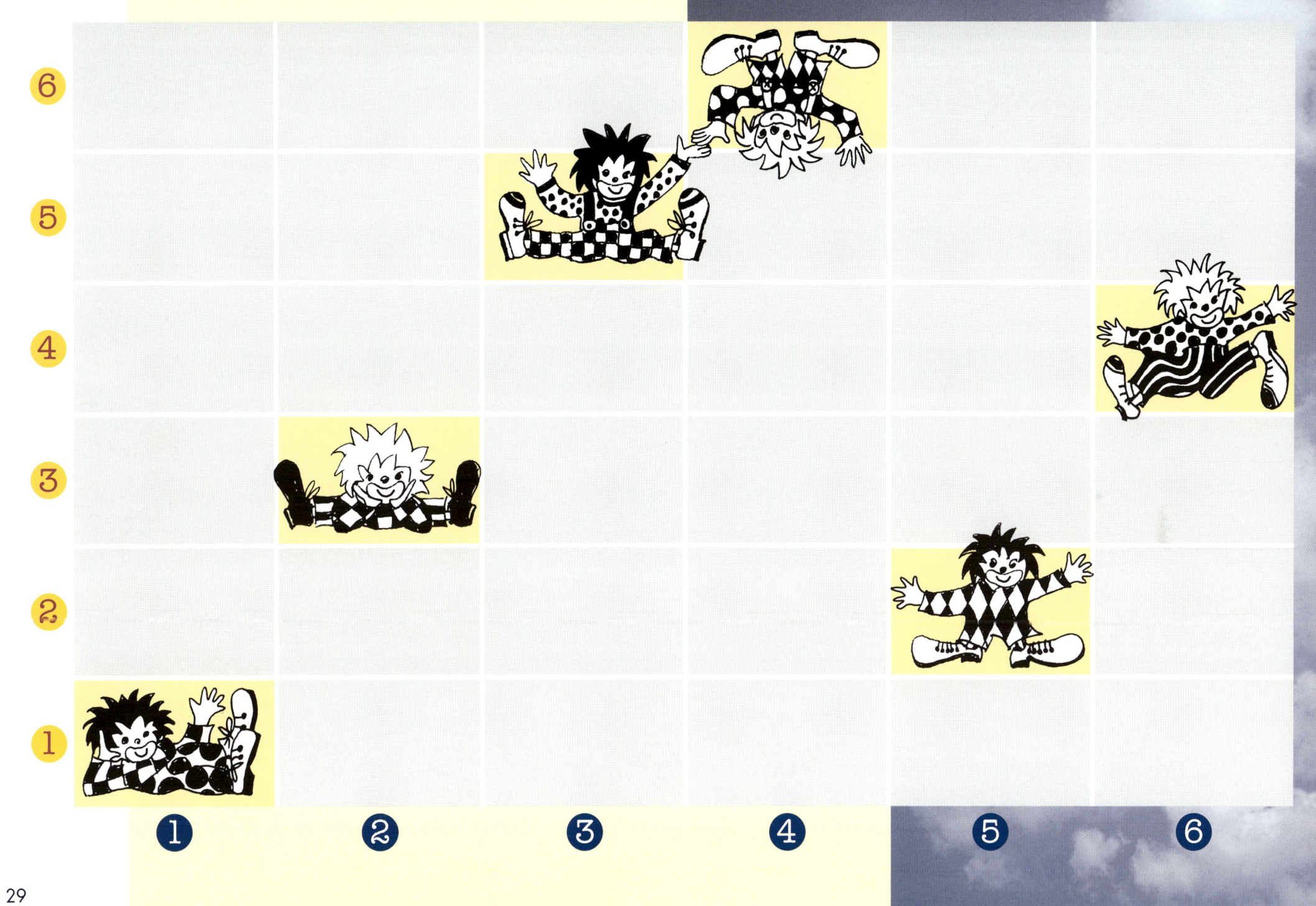

## Wenn du Hilfe bei der Beschreibenden Statistik brauchst ...

# Hilfe 6

Im Alltag werden immer wieder **statistische Erhebungen** durchgeführt (z.B. die Bestimmung der Anzahl der Personen, die werktags zwischen 7 Uhr und 8 Uhr mit der Omnibuslinie 195 fahren). Dabei werden **Daten** über eine **Grundgesamtheit** (z.B. die Bewohner eines bestimmten Stadtteils, die Schüler und Schülerinnen einer Schule) gesammelt. Anhand dieser Daten untersucht man **Merkmale** (z.B. die Art der Busfahrkarte) und die Häufigkeiten ihrer **Ausprägungen** (im Beispiel: Einzelfahrkarte, Wochenkarte, Monatskarte, Jahreskarte, keine Fahrkarte).
Man unterscheidet **quantitative Merkmale** und **qualitative Merkmale**. Quantitative Merkmale sind Merkmale, mit deren Ausprägungen man rechnen kann (z.B. Preis der Fahrkarte, Fahrzeit); qualitative Merkmale sind solche, die man nur mit Worten beschreiben kann (z.B. die Art der Fahrkarte).
Da man meist nicht alle Mitglieder einer Grundgesamtheit erfassen kann, untersucht man stattdessen nur eine **Stichprobe**.

Beispiel:
- Kathrin hat für ihre Jahrgangsstufe einen Fragebogen zum Thema Taschengeld erstellt:

---

Alter:_____    ◯ Junge    ◯ Mädchen

- Wie viel Taschengeld erhältst du im Monat? _____
- Wie zufrieden bist du mit der Höhe deines Taschengelds?
  ◯ Sehr zufrieden    ◯ zufrieden
  ◯ weniger zufrieden    ◯ sehr unzufrieden
- Wie viel Geld gibst du monatlich für Süßigkeiten aus? _____

---

- Qualitative Merkmale in Kathrins Fragebogen sind
  - Geschlecht
    (2 Ausprägungen: Junge; Mädchen) und
  - Zufriedenheit
    (4 Ausprägungen: sehr zufrieden ... sehr unzufrieden).

- Quantitative Merkmale in ihrem Fragebogen sind
  - Alter,
  - Höhe des Taschengelds und
  - Höhe der Ausgaben für Süßigkeiten.

*Viel Spaß und Erfolg beim Bingo-Blatt 6!*

# Beschreibende Statistik 6

**Feld 6**

**(1)** Gib zu den Merkmalen (1) *Familienstand* (2) *Geschlecht* (3) *Nationalität* eine sinnvolle Auswahl von Merkmalsausprägungen an.

**(2)** Es soll eine Verkehrszählung durchgeführt werden. Gib mindestens zwei Merkmale an, die sich für eine Erhebung eignen.

**(3)** Die sieben Mitarbeiter der Firma TOP erhalten monatlich 1 700 €, 6 300 €, 1 900 €, 2 700 €, 4 000 €, 3 100 € bzw. 950 €. Berechne und interpretiere ihr Durchschnittsgehalt.

**(5)** Aussagen über die Grundgesamtheit, die auf einer Stichprobe beruhen, sind stets ungenau.
- Die Aussage ist wahr.
- Die Aussage ist falsch.

**(6)** Die relative Häufigkeit kann auch einen negativen Wert annehmen.
- Die Aussage ist wahr.
- Die Aussage ist falsch.

**Feld 5**

**(1)** Gib zum Merkmal *Schulbildung* eine sinnvolle Auswahl von Merkmalsausprägungen an.

**(2)** Die sieben Mitarbeiter der Firma TOP erhalten monatlich 1 700 €, 6 300 €, 1 900 €, 2 700 €, 4 000 €, 3 100 € bzw. 950 €. Gib den Median (Zentralwert) an und interpretiere ihn.

**(4)** Wenn sich in einem Datensatz **ein** Wert ändert, ändert sich stets auch die Spannweite.
- Die Aussage ist wahr.
- Die Aussage ist falsch.

**(5)** Wenn sich in einem Datensatz **ein** Wert ändert, ändert sich stets auch der Modalwert.
- Die Aussage ist wahr.
- Die Aussage ist falsch.

**(6)** Die relative Häufigkeit hat stets einen Wert zwischen 0 und 1.
- Die Aussage ist wahr.
- Die Aussage ist falsch.

**Feld 4**

**(1)** Ordne die Begriffe *Gymnasium; Arzt; Koch; deutsch; Maler; französisch; Realschule; Dozentin; Hauptschule; italienisch; Pianistin; Vertreter* nach Merkmalen.

**(2)** Was versteht man im Zusammenhang mit statistischen Daten unter „Ausreißern"? Gib zwei Beispiele an.

**(3)** Sandra ist größer als Fred, Katja ist größer als Sandra, Fred ist größer als Elif, und Martin ist größer als Elif, aber kleiner als Sandra. Wer von ihnen ist am größten, wer am kleinsten?

**(4)** Die ABC-Partei möchte in Wahlstadt (350 000 Wahlberechtigte) den Anteil „ihrer" Wähler schätzen und befragt dazu 5 000 Wahlberechtigte. Wer bildet hierbei die Grundgesamtheit?

**(5)** Die ABC-Partei möchte in Wahlstadt (350 000 Wahlberechtigte) den Anteil „ihrer" Wähler schätzen und befragt dazu 5 000 Wahlberechtigte. Wie groß ist die Stichprobe?

**Feld 3**

**(1)** Besucheranzahlen in einem Hallenbad: Mo: 555; Di: 328; Mi: 834; Do: 672; Fr: 397; Sa: 603; So: 874. Welche Bedeutung hat hier der Median (Zentralwert)?

**(3)** Was bedeutet der Begriff „Spannweite" bei statistischen Daten? Gib zwei Beispiele an.

**(4)** Gehört die Merkmalsausprägung „Wähler der ABC-Partei bei der nächsten Wahl" zu einem qualitativen oder zu einem quantitativen Merkmal?

**(5)** Die ABC-Partei möchte in Wahlstadt (350 000 Wahlberechtigte) den Anteil „ihrer" Wähler schätzen und befragt dazu 5 000 Wahlberechtigte. Ist die Stichprobe repräsentativ?

**(6)** Ergänze den fehlenden Beobachtungswert so, dass das arithmetische Mittel 4,0 wird.

| Wert | 1,1 | 2,3 | 4,5 | 6,4 | |
|---|---|---|---|---|---|
| Häufigkeit | 3 | 1 | 4 | 1 | 6 |

**Feld 2**

**(1)** Gib bei jedem der fünf Merkmale *Körpergröße, Geschlecht, Beliebtheit, Farbe* und *Geschwindigkeit* an, ob es qualitativ oder quantitativ ist.

**(2)** Gib bei jedem der fünf Merkmale *Kontostand, Automarke, Mittagstemperatur, Familienstand* und *Kinderanzahl* an, ob es qualitativ oder quantitativ ist.

**(3)** Wenn in einem Datensatz **ein** Wert vergrößert wird, ändert sich stets auch das arithmetische Mittel.
- Die Aussage ist wahr.
- Die Aussage ist falsch.

**(4)** Bei einer Umfrage wird erhoben, ob die befragte Person ledig, verheiratet, geschieden oder verwitwet ist. Welches Merkmal wird hier untersucht?

**(6)** Die sieben Mitarbeiter der Firma TOP erhalten monatlich 1 700 €, 6 300 €, 1 900 €, 2 700 €, 4 000 €, 3 100 € bzw. 950 €. Berechne und interpretiere die Spannweite.

**Feld 1**

**(2)** Die sieben Mitarbeiter der Firma TOP erhalten monatlich 1 700 €, 6 300 €, 1 900 €, 2 700 €, 4 000 €, 3 100 € bzw. 950 €. Um wie viel Prozent ist das niedrigste Gehalt niedriger als das höchste?

**(3)** Wenn sich in einem Datensatz **ein** Wert ändert, ändert sich stets auch der Median.
- Die Aussage ist wahr.
- Die Aussage ist falsch.

**(4)** Was bedeutet es, wenn bei einer Befragung die Grundgesamtheit und die Stichprobe identisch sind?

**(5)** Ist das arithmetische Mittel oder der Median gegen „Ausreißer" weniger „empfindlich"?

**(6)** Das arithmetische Mittel, der Median und der Modalwert können nie den gleichen Wert besitzen.
- Die Aussage ist wahr.
- Die Aussage ist falsch.

❶ ❷ ❸ ❹ ❺ ❻

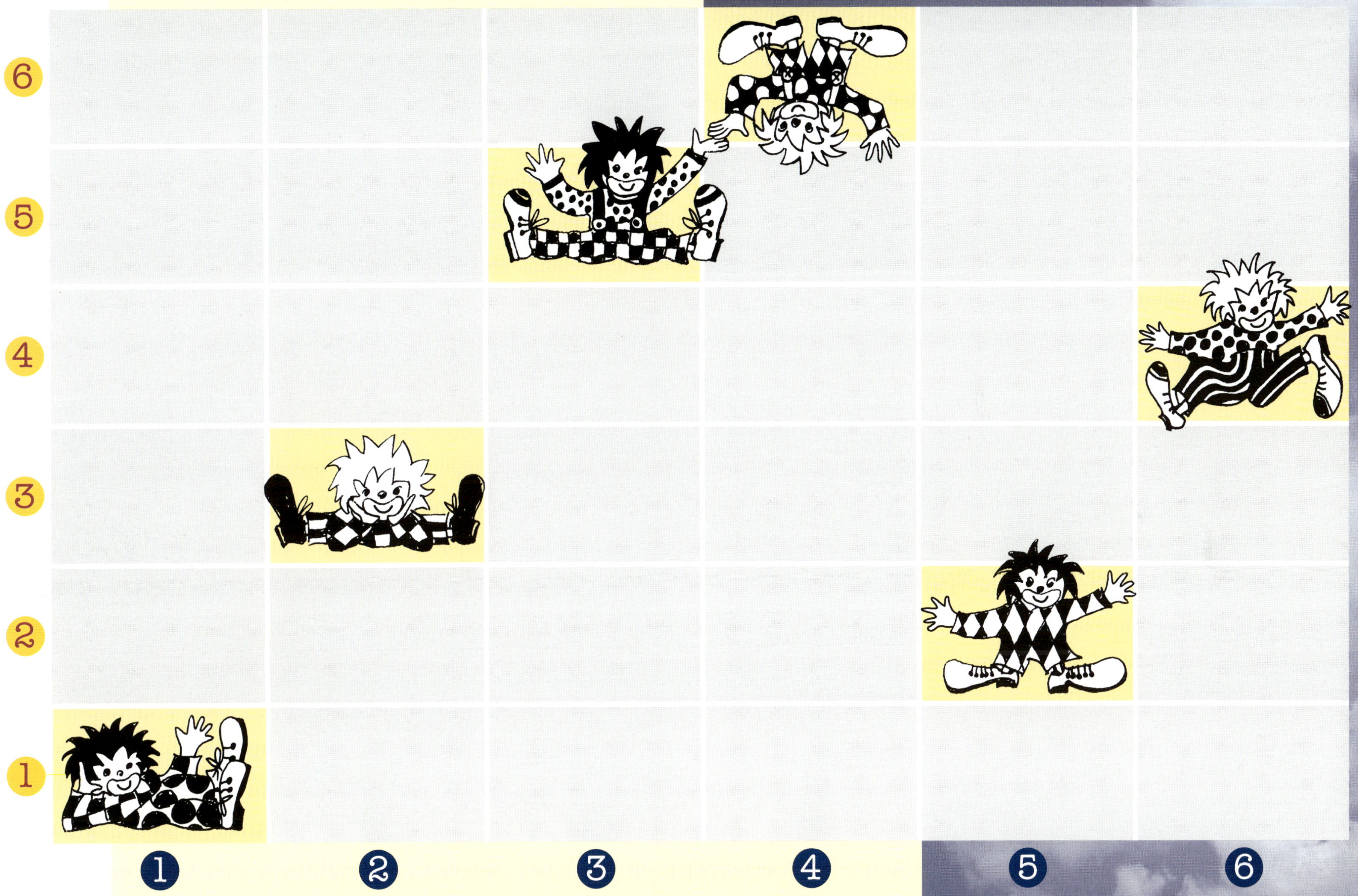
6
5
4
3
2
1
1 2 3 4 5 6

**Wenn du Hilfe bei den Begriffen Ergebnis und Ereignis brauchst ...**

# Hilfe 7

Das Werfen einer Münze bzw. eines Spielwürfels, das Drehen eines Glücksrads usw. sind Vorgänge, deren **Ergebnis zufällig**, also nicht vorhersagbar ist. Man nennt solche Vorgänge **Zufallsexperimente**.
Alle möglichen Ergebnisse fasst man zu einer **Ergebnismenge** (einem **Ergebnisraum**) zusammen; die Ergebnismenge (der Ergebnisraum) wird häufig mit dem Buchstaben $\Omega$ (gelesen „Omega") bezeichnet.

Beispiele:
- Jakob wirft eine 2-€-Münze einmal. Dabei kann er „**Z**ahl" oder „**W**appen" werfen; also ist $\Omega$ = {**Z**; **W**}.

- Kathrin wirft einen Spielwürfel zweimal, addiert die geworfenen Augenanzahlen und schreibt deren Summenwert auf; hier ist also $\Omega$ = {2; 3; 4; 5; 6; 7; 8; 9; 10; 11; 12}.

Werden bestimmte Ergebnisse eines Zufallsexperiments zusammengefasst, so erhält man ein **Ereignis**.
Die zugehörigen Ergebnisse heißen **günstige Ergebnisse**; die ungünstigen Ergebnisse bilden zusammen das **Gegenereignis**.
Ein Ereignis, für das **alle** Ergebnisse eines Zufallsexperiments günstig sind, heißt **sicheres Ereignis**;
ein Ereignis, dessen Eintreten bei einem Zufallsexperiment nicht möglich ist, heißt **unmögliches Ereignis**.

Beispiele für Ereignisse beim einmaligen Werfen eines Spielwürfels:
- $E_1$: „Werfen einer Primzahl"; $E_1$ = {2; 3; 5}
  Gegenereignis von $E_1$: $\overline{E}_1$ = {1; 4; 6}  ($\overline{E}_1$ wird „E eins quer" gelesen)

- $E_2$: „Werfen einer Quadratzahl"; $E_2$ = {1; 4}
  Gegenereignis von $E_2$: $\overline{E}_2$ = {2; 3; 5; 6}

- Wenn „gelb" einmal würfelt,
  - dann sind alle Augenanzahlen günstig, um eine der vier Spielfiguren zu bewegen („‚gelb' zieht" ist ein sicheres Ereignis).
  - dann sind die Augenanzahlen 4 und 5 und 6 günstige Ergebnisse, um „ins Haus zu kommen".
  - dann ist die Augenanzahl 2 günstig (und jede der Augenanzahlen 1; 3; 4; 5 und 6 ungünstig), um „schwarz" zu schlagen.
  - dann ist es „gelb" unmöglich, „rot" zu schlagen („‚gelb' schlägt ‚rot'" ist ein unmögliches Ereignis).

*Viel Spaß und Erfolg beim Bingo-Blatt 7!*

## Ergebnis – Ergebnismenge – Ereignis

| | **1** | **2** | **3** | **4** | **5** | **6** |
|---|---|---|---|---|---|---|
| **6** | Ein Spielwürfel wird zweimal geworfen. Stelle das Ereignis E: „Zuerst wird eine Primzahl, dann eine ungerade Zahl geworfen" als Menge dar. | Ein Spielwürfel wird zweimal geworfen. Stelle das Ereignis E: „Der Summenwert der Augenanzahlen ist 10" als Menge dar. | In einer Urne sind zwei rote Kugeln und eine gelbe Kugel. Du ziehst zweimal, ohne die gezogene Kugel zurückzulegen. Gib die Ergebnismenge an. |  | Ein Tetraeder mit den Augenanzahlen 1; 2; 3 bzw. 4 wird zweimal geworfen. Stelle das Ereignis E: „Die Augenanzahlen sind gleich" als Menge dar. | Drei Prüflinge legen die Führerscheinprüfung ab. Beschreibe das Ereignis E: „Genau zwei Prüflinge bestehen" als Menge. |
| **5** | Finde ein passendes Zufallsexperiment, wenn $\Omega$ = {ZZZ; ZZW; ZWZ; WZZ; ZWW; WZW; WWZ; WWW} ist. | Finde ein passendes Zufallsexperiment, wenn $\Omega$ = {$\overline{6}\,\overline{6}$; $\overline{6}6$; $6\overline{6}$; $66$} ist. |  | Lucas wirft einen Spielwürfel dreimal; dabei fällt dreimal eine gerade Primzahl. Beschreibe dieses Ereignis als Menge. | Lucas wirft eine Münze dreimal; dabei fällt genau zweimal „Wappen". Beschreibe dieses Ereignis als Menge. | Drei Prüflinge legen die Führerscheinprüfung ab. Beschreibe das Ereignis E: „Mindesten zwei Prüflinge bestehen" als Menge. |
| **4** | Ein Spielwürfel wird zweimal geworfen. Stelle das Ereignis E: „Zuerst wird eine gerade Zahl, dann eine ungerade Zahl geworfen" als Menge dar. | Finde ein passendes Zufallsexperiment, wenn $\Omega$ = {W$\overline{6}$; W6; Z$\overline{6}$; Z6} ist. | Die drei Smilies 😊😊 und 😐 werden in einer Reihe nebeneinander angeordnet. Stelle das Ereignis E: „Die lachenden Smilies liegen direkt nebeneinander" als Menge dar. | Es ist $\Omega$ = {1; 2; 3; 4; 5; 6} und E = {2; 4; 6}. Beschreibe ein mögliches Zufallsexperiment sowie ein passendes Ereignis E. | Lucas wirft eine Münze dreimal; dabei fällt mindestens zweimal „Wappen". Beschreibe dieses Ereignis als Menge. |  |
| **3** | Ein Spielwürfel wird zweimal geworfen. Stelle das Ereignis E: „Die geworfenen Augenanzahlen sind gleich" als Menge dar. |  | Es ist $\Omega$ = {2; 3; 4; 5; ... ; 12} und E = {7}. Beschreibe ein mögliches Zufallsexperiment und ein passendes Ereignis E jeweils in Worten. | Es ist $\Omega$ = {E; F; I; N; R} und $E_1$ = {E; I}. Beschreibe ein mögliches Zufallsexperiment und ein passendes Ereignis $E_1$ jeweils in Worten. | Lucas hat zwei verschiedene Münzen (1 €; 2 €). Auf wie viele verschiedene Arten kann er sie auf seine zwei Hosentaschen verteilen? | Drei Prüflinge legen die Führerscheinprüfung ab. Beschreibe das Ereignis E: „Genau ein Prüfling besteht nicht" als Menge. |
| **2** | Finde ein passendes Zufallsexperiment, wenn $\Omega$ = {ZZ; ZW; WZ; WW} ist. | In einer Urne sind zwei rote und drei gelbe Kugeln. Du ziehst zweimal, ohne die gezogene Kugel zurückzulegen. Gib die Ergebnismenge an. | Sophie erwartet **G**regor, **L**aura und **M**ary. In welchen Reihenfolgen können die Gäste einzeln eintreffen? | Bei einer Umfrage wird erhoben, ob die befragte Person **l**edig, ver**h**eiratet, ge**s**chieden oder ver**w**itwet ist. Gib die Ergebnismenge an. |  | Ein Spielwürfel wird dreimal geworfen; aus den geworfenen Augenanzahlen wird eine dreistellige Zahl gebildet, deren Quersummenwert 16 ist. Gib die möglichen Zahlen an. |
| **1** |  | In einer Urne sind zwei rote Kugeln und eine gelbe Kugel. Du ziehst zweimal und legst jeweils die gezogene Kugel wieder zurück. Gib die Ergebnismenge an. | Du ziehst aus den Kärtchen M I S S I S S I P P I zwei Kärtchen auf einmal. Gib die Ergebnismenge (den Ergebnisraum) an. | **A**LEX, **B**EA und **C**LAUS kandidieren bei der Schulsprecherwahl. Interpretiere das Ereignis E = {**BCA**}. | Sophie wirft einen Spielwürfel dreimal. Bei den ersten beiden Würfen wirft sie jeweils eine 6, beim dritten Wurf nicht. Stelle das Ereignis als Menge dar. | Familie Lustig hat zwei Söhne und zwei Töchter (keine Mehrlinge). Gib die Menge aller möglichen Geschwisterreihenfolgen an. |

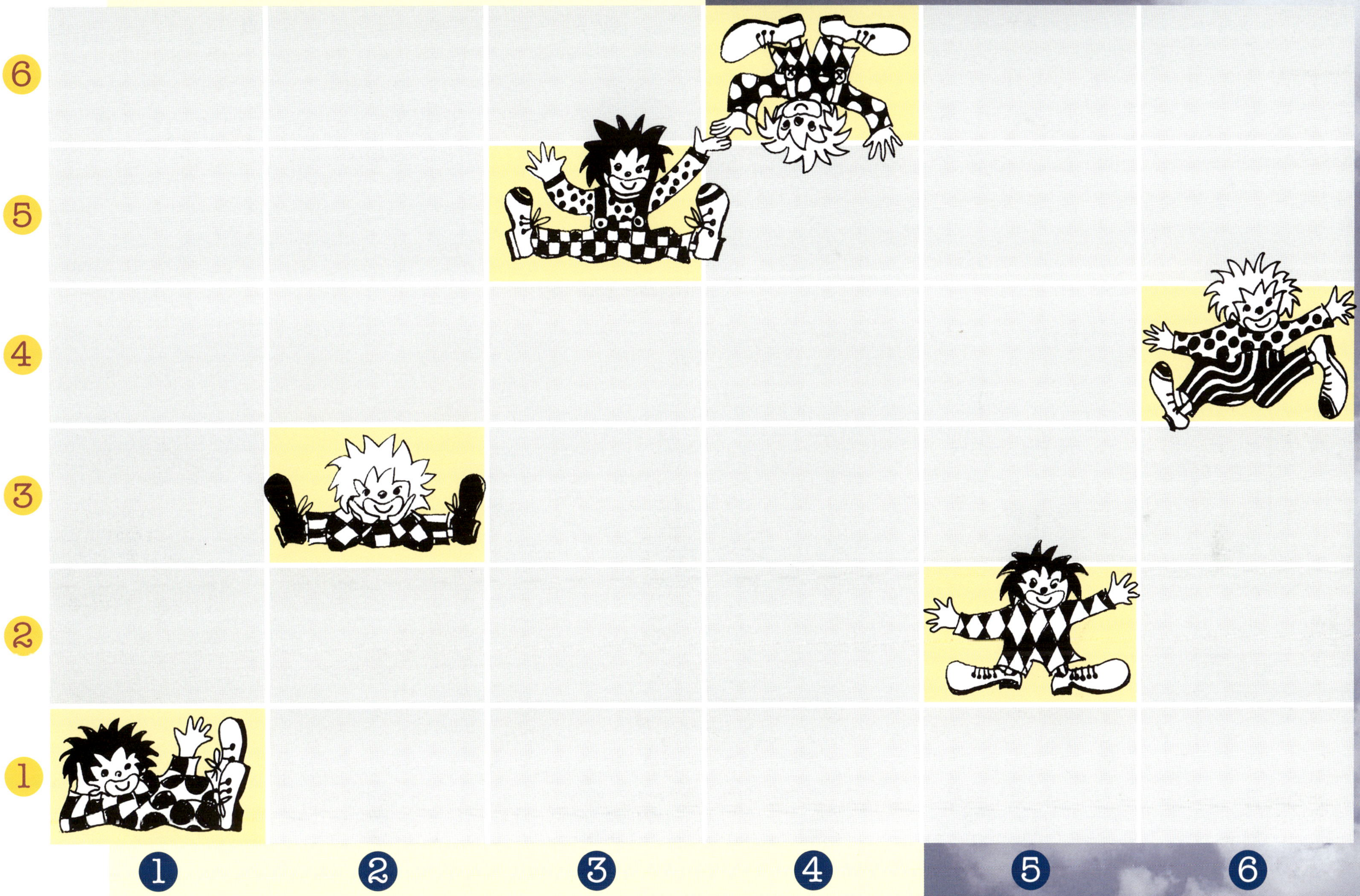
6
5
4
3
2
1
1 2 3 4 5 6

### Wenn du Hilfe beim Lösen des Wiederholungs-Bingos I brauchst ...

# Hilfe 8

- Die **Vier-Felder-Tafel** gibt einen Überblick über (absolute bzw. relative) **Häufigkeiten**:

|   | A | Ā |   |
|---|---|---|---|
| B | h(A ∩ B) | h(Ā ∩ B) | h(B) |
| B̄ | h(A ∩ B̄) | h(Ā ∩ B̄) | h(B̄) |
|   | h(A) | h(Ā) |   |

Dabei bedeutet h(A) die (absolute bzw. relative) Häufigkeit des Ereignisses A, h(A ∩ B) die Häufigkeit des gleichzeitigen Eintretens der Ereignisse A und B usw.

A ∩ B: Das Ereignis A **und** das Ereignis B treten ein.
Ā ∩ B: Das Gegenereignis von A **und** das Ereignis B treten ein.
A ∩ B̄: Das Ereignis A **und** das Gegenereignis von B treten ein.
Ā ∩ B̄: Das Gegenereignis von A **und** das Gegenereignis von B treten ein.

- Darstellung und Ermittlung von absoluten und von relativen **Häufigkeiten** mit Hilfe von Vierfeldertafeln:
Beispiel:
Ergänze die Vierfeldertafel

|   | A | Ā |   |
|---|---|---|---|
| B | 46 |   | 90 |
| B̄ |   | 38 |   |
|   |   |   | 200 |

90 – 46 = **44**;
200 – 90 = **110**;
110 – 38 = **72**;
46 + 72 = **118**;
200 – 118 = **82**

Lösung:
Absolute Häufigkeit

|   | A | Ā |   |
|---|---|---|---|
| B | 46 | **44** | 90 |
| B̄ | **72** | 38 | **110** |
|   | **118** | **82** | 200 |

Relative Häufigkeit

|   | A | Ā |   |
|---|---|---|---|
| B | **0,23** | **0,22** | **0,45** |
| B̄ | **0,36** | **0,19** | **0,55** |
|   | **0,59** | **0,41** | **1,00** |

Die relative Häufigkeit des Ereignisses A ist 59 %.
Die Ereignisse A und B treten mit einer relativen Häufigkeit von 23 % gleichzeitig ein.
Mit einer relativen Häufigkeit von 19 % tritt keines der beiden Ereignisse A und B ein.

- **Mittelwert, Spannweite** und **Median (Zentralwert)**
Beispiel:
Der Mittelwert der Beträge 12 €; 65 €; 27 €; 45 € und 51 € ist [(12 € + 65 € + 27 € + 45 € + 51 €) : 5 =] **40 €**,
die Spannweite ist (65 € – 12 € =) **53 €**, und der Median (Zentralwert) ist **45 €** (12 € und 27 € sind kleiner, 65 € und 51 € sind größer als 45 €).

*Viel Spaß und Erfolg beim Bingo-Blatt 8!*

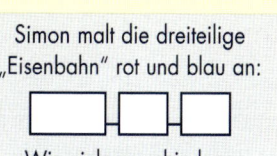

## Wiederholung I — 8

### Reihe 6

**Ergänze die Vierfeldertafel**

|     | A   | Ā   |     |
| --- | --- | --- | --- |
| B   | 11  |     | 40  |
| B̄   |     | 47  |     |
|     |     |     | 100 |

**Gib h(A ∩ B̄) an.**

|     | A    | Ā    |      |
| --- | ---- | ---- | ---- |
| B   | 0,07 | 0,63 | 0,70 |
| B̄   | 0,03 | 0,27 | 0,30 |
|     | 0,10 | 0,90 | 1    |

Simon malt die dreiteilige „Eisenbahn" rot und blau an: □ □ □ Wie viele verschiedene Möglichkeiten gibt es?

Gregor hat viermal gewürfelt; er beschreibt sein „Ergebnis" in der Form $\overline{6}4\overline{1}6$. Welches ist sein kleinstes „Ergebnis"?

Wie viele verschiedene vierstellige natürliche Zahlen kannst du mit den vier Ziffernkärtchen legen? 9 8 0 8

### Reihe 5

In wie vielen verschiedenen Reihenfolgen kannst du vier Aufgaben lösen, wenn du die Aufgabe 1 als dritte und die Aufgabe 3 als erste bearbeitest?

**Berechne die Durchschnittsnote:**

| Note   | 1 | 2 | 3 | 4 | 5 | 6 |
| ------ | - | - | - | - | - | - |
| Anzahl | 3 | 5 | 7 | 8 | 1 | 1 |

Finde fünf verschiedene ganze Zahlen, deren Zentralwert (Median) 12 und deren Spannweite 100 ist.

In wie vielen verschiedenen Reihenfolgen kannst du die Buchstaben des Worts SOMMERFERIEN nebeneinander anordnen?

Lucas würfelt dreimal und schreibt die Augenanzahlen nebeneinander. Wie viele verschiedene gerade dreistellige Zahlen sind dabei möglich?

### Reihe 4

**Ergänze die Vierfeldertafel**

|     | A    | Ā    |      |
| --- | ---- | ---- | ---- |
| B   | 0,16 |      |      |
| B̄   |      |      | 0,40 |
|     | 0,24 |      | 1    |

und gib h(A ∩ B) an.

Gib ein Zufallsexperiment an, dessen Ergebnismenge (Ergebnisraum) $\Omega = \{1; 2; 3; 4\}$ ist.

Wie viel Prozent aller zweistelligen Vielfachen von 13 sind gerade?

Gib jeweils das Gegenereignis Ā bzw. B̄ an: A: „Heute ist hitzefrei" B: „Meine Note bei der nächsten Schulaufgabe ist schlechter als 2"

Lucas würfelt dreimal und schreibt die Augenanzahlen nebeneinander. Wie viele verschiedene dreistellige Zahlen sind dabei möglich?

### Reihe 3

Gib zwei Beispiele für ein sicheres Ereignis an.

Wie viel Prozent aller dreistelligen Quadratzahlen sind ungerade?

Gegeben sind die Größen 1,39 m; 1,42 m; 1,37 m; 1,52 m und 1,75 m. Wie ändert sich ihr arithmetisches Mittel, wenn du 1,52 m durch 1,57 m ersetzt?

**Ergänze die Vierfeldertafel**

|     | A   | Ā   |     |
| --- | --- | --- | --- |
| B   | 55  |     | 60  |
| B̄   |     |     |     |
|     |     | 23  | 100 |

und gib h(A ∪ B) an.

Rons Handy-PIN ist eine Quadratzahl. Sie liegt zwischen 1 000 und 4 000 und ist ein Vielfaches von 5. Gib alle Möglichkeiten für Rons Handy-PIN an.

### Reihe 2

**Gib h(Ā ∪ B) an.**

|     | A    | Ā    |      |
| --- | ---- | ---- | ---- |
| B   | 0,11 | 0,29 | 0,40 |
| B̄   | 0,13 | 0,47 | 0,60 |
|     | 0,24 | 0,76 | 1    |

Auf welche Einerziffer endet der Wert der Summe $0! + 1! + 2! + \ldots + 1000!$ ? [Hinweis: $0! = 1$; $1! = 1$; $n! = 1 \cdot 2 \cdot 3 \cdot \ldots \cdot (n-1) \cdot n$; $n \in \mathbb{N} \setminus \{1\}$]

Wie viele verschiedene dreistellige ganze Zahlen mit lauter verschiedenen Ziffern gibt es?

**Sprungweiten in m:**

| Lea  | 3,70 | 3,83 | 4,02 | 3,85 |
| ---- | ---- | ---- | ---- | ---- |
| Susi | 4,10 | 3,70 | 3,80 | 4,00 |

Berechne jeweils Mittelwert und Spannweite. Wer ist die bessere Weitspringerin?

Lucas würfelt dreimal und schreibt die Augenanzahlen nebeneinander. Wie viele verschiedene dreistellige Quadratzahlen sind dabei möglich?

### Reihe 1

Gib zwei Beispiele für ein unmögliches Ereignis an.

Jakob wirft einen Spielwürfel 1200-mal. Etwa wie oft hat er vermutlich die Augenanzahl 6 geworfen?

Gregor hat viermal gewürfelt; er beschreibt sein „Ergebnis" in der Form $\overline{6}4\overline{1}6$. Welches ist sein größtes „Ergebnis"?

Unter Jakobs 20 Verwandten sind 8 Linkshänder. Ist die Aussage „40 % der Bevölkerung sind Linkshänder" wahr?

Laura wirft einen Spielwürfel dreimal und bildet den Summenwert S der Augenanzahlen. Gib alle Werte von S an, die durch 3 teilbar sind.

41

## Wenn du Hilfe bei den Begriffen Laplace-Experiment und Laplace-Wahrscheinlichkeit brauchst ...

# 9 Hilfe

Es gibt Zufallsexperimente, bei denen jedes der möglichen Ergebnisse **gleich wahrscheinlich** ist. Solche Zufallsexperimente nennt man **Laplace-Experimente**.

Beispiele:
- Ein Spielwürfel, bei dem das Werfen jeder der sechs Augenanzahlen gleich wahrscheinlich ist (und deshalb jeweils mit der Wahrscheinlichkeit $\frac{1}{6} \approx 17\,\%$ eintritt), heißt L-Spielwürfel.

- Eine Münze, bei der das Werfen jeder der beiden Seiten gleich wahrscheinlich ist (und deshalb jeweils mit der Wahrscheinlichkeit $\frac{1}{2} = 50\,\%$ eintritt), heißt L-Münze.

- Eine L-Münze wird dreimal geworfen. Zeichne ein **Baumdiagramm** und gib die Wahrscheinlichkeit für jedes der acht Ergebnisse an.

Lösung:

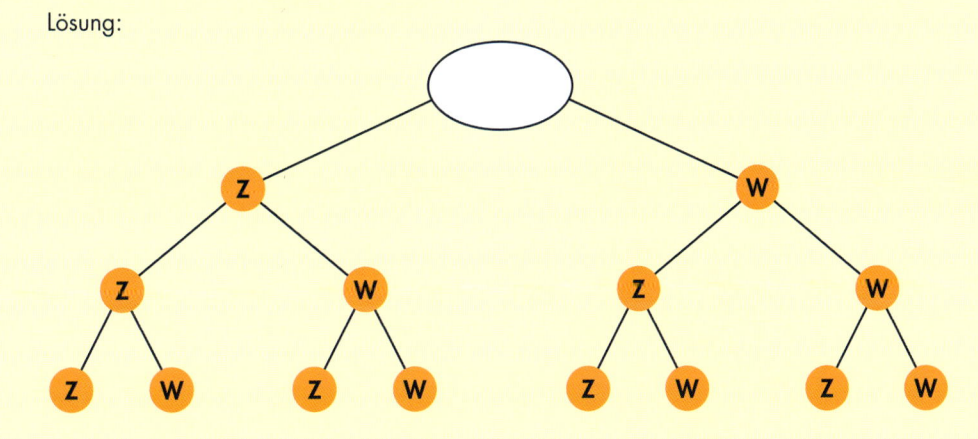

*Weitere Tipps findest du auf dem Hilfe-Blatt 10!*

P. S. LAPLACE.

$\Omega$ = {ZZZ; ZZW; ZWZ; ZWW; WZZ; WZW; WWZ; WWW}

Die Wahrscheinlichkeit für jedes der acht Ergebnisse beträgt $\frac{1}{8}$ (= 12,5 %).

Viel Spaß und Erfolg beim Bingo-Blatt 9!

# Laplace-Wahrscheinlichkeit I 9

**6**

Wie groß ist die Wahrscheinlichkeit, mit einem L-Spielwürfel bei einmaligem Werfen eine Augenanzahl von mindestens 3 zu erreichen?

Wie groß ist die Wahrscheinlichkeit, mit einem L-Spielwürfel bei einmaligem Werfen eine Augenanzahl zu werfen, die eine Primzahl ist?

Wie groß ist die Wahrscheinlichkeit, bei einmaligem Werfen eines L-Spielwürfels eine Augenanzahl zu werfen, die weder 1 noch 6 ist?

džoker

Du ziehst aus den Kärtchen

M I S S I S S I P P I

„blind" genau ein Kärtchen. Mit welcher Wahrscheinlichkeit ziehst du ein I?

Ein L-Würfel hat die Augenanzahlen 1; 2; 2; 3; 4; 4. Du würfelst genau einmal. Mit welcher Wahrscheinlichkeit ist die Augenanzahl 2?

**5**

Gregor würfelt mit einem L-Spielwürfel dreimal. Gib die Wahrscheinlichkeit an, dass er beim ersten Wurf 1 und beim dritten Wurf 6 wirft.

Du ziehst aus den Kärtchen

M I S S I S S I P P I

„blind" genau ein Kärtchen. Mit welcher Wahrscheinlichkeit ziehst du kein S?

JOKER

Du ziehst aus den Kärtchen

M I S S I S S I P P I

„blind" genau ein Kärtchen. Mit welcher Wahrscheinlichkeit ziehst du kein I?

Schätze jeweils den Grad der Wahrscheinlichkeit:
(1) Du würfelst einmal und wirfst eine 6.
(2) Deine Mutter bäckt dir eine Geburtstagstorte.

Ein L-Würfel hat die Augenanzahlen 1; 2; 2; 3; 4; 4. Du würfelst genau einmal. Mit welcher Wahrscheinlichkeit ist die Augenanzahl eine Primzahl?

**4**

Wie groß ist die Wahrscheinlichkeit, dass bei zweimaligem Werfen eines L-Spielwürfels der Summenwert der Augenanzahlen größer als 10 ist?

Wie groß ist die Wahrscheinlichkeit, dass du bei dreimaligem Werfen einer L-Münze mindestens zweimal „Zahl" wirfst?

Wie groß ist die Wahrscheinlichkeit, dass bei zweimaligem Werfen eines L-Spielwürfels der Summenwert der Augenanzahlen 7 ist?

Wie groß ist die Wahrscheinlichkeit, dass zwei zufällig ausgewählte Personen im selben Monat Geburtstag haben?

Schätze jeweils den Grad der Wahrscheinlichkeit:
(1) Du würfelst einmal und wirfst eine 1.
(2) Deine nächste Mathematiknote ist eine 1.

COMODÍN

**3**

Wie groß ist die Wahrscheinlichkeit, dass du bei zweimaligem Werfen einer L-Münze zweimal „Zahl" wirfst?

JOLLY

Wie groß ist die Wahrscheinlichkeit, dass du bei viermaligem Werfen einer L-Münze genau dreimal „Zahl" wirfst?

Denke dir ein Zufallsexperiment aus, das die Ergebnismenge $\Omega = \{A; E; H; I; K; M; T\}$ hat.

Gib zwei Beispiele für Ereignisse an, die jeweils mit einer Wahrscheinlichkeit von 25 % eintreten.

Ein L-Spielwürfel wird dreimal geworfen. Mit welcher Wahrscheinlichkeit wirfst du drei gleiche Augenanzahlen?

**2**

Schätze jeweils den Grad der Wahrscheinlichkeit:
(1) Du würfelst dreimal und erhältst 1; 1; 1.
(2) Deine nächste Mathematiknote ist keine 1.

In einer Lostrommel sind 250 Lose, darunter 200 Nieten. Laura zieht „blind" ein Los. Mit welcher Wahrscheinlichkeit zieht sie keine Niete?

Wie groß ist die Wahrscheinlichkeit, dass zwei zufällig ausgewählte Personen am selben Tag desselben Monats Geburtstag haben?

Schätze jeweils den Grad der Wahrscheinlichkeit:
(1) Du springst beim nächsten Sportfest 5 m weit.
(2) Deine Eltern schenken dir ein Handy.

COKER

Schätze jeweils den Grad der Wahrscheinlichkeit:
(1) Die Sonne geht morgen auf.
(2) Dein Vater bügelt (auf Bitten) deinen Blazer.

**1**

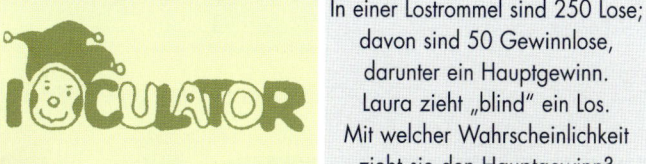

IOCULATOR

In einer Lostrommel sind 250 Lose; davon sind 50 Gewinnlose, darunter ein Hauptgewinn. Laura zieht „blind" ein Los. Mit welcher Wahrscheinlichkeit zieht sie den Hauptgewinn?

Du ziehst aus den Kärtchen

M I S S I S S I P P I

„blind" genau ein Kärtchen. Mit welcher Wahrscheinlichkeit ziehst du ein M oder ein I?

Du wirfst einen L-Spielwürfel genau dreimal. Mit welcher Wahrscheinlichkeit ist der Produktwert der Augenanzahlen 5?

Ein L-Würfel hat die Augenanzahlen 1; 2; 2; 3; 4; 4. Du würfelst genau einmal. Mit welcher Wahrscheinlichkeit ist die Augenanzahl eine Quadratzahl?

Ein L-Spielwürfel wird dreimal geworfen. Mit welcher Wahrscheinlichkeit wirfst du zuerst 2, dann 3 und hierauf 6 Augen?

**1** **2** **3** **4** **5** **6**

| | ❶ | ❷ | ❸ | ❹ | ❺ | ❻ |
|---|---|---|---|---|---|---|
| ⑥ | | | | džoker<br>Kroatisch / Serbisch | | |
| ⑤ | | | JOKER<br>Englisch | | | |
| ④ | | | | | | COMODIN<br>Spanisch |
| ③ | | JOLLY<br>Italienisch | | | | |
| ② | | | | | COKER<br>Türkisch | |
| ① | IOCULATOR<br>Lateinisch | | | | | |

45

**Wenn du weitere Hilfe beim Thema Laplace-Wahrscheinlichkeit brauchst ...**

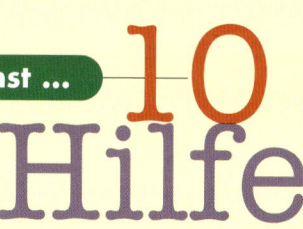

# 10 Hilfe

Bei Laplace-Experimenten kann man die Wahrscheinlichkeit eines Ereignisses E direkt berechnen:

$$P(E) = \frac{\text{Anzahl der Ergebnisse, bei denen das Ergebnis E eintritt}}{\text{Anzahl aller möglichen Ergebnisse des Zufallsexperments}} = \frac{\text{„Anzahl der günstigen Ergebnisse"}}{\text{„Anzahl aller möglichen Ergebnisse"}}$$

Beispiele:

- Kathrin wirft einen L-Spielwürfel zweimal und addiert dann die beiden Augenanzahlen.
  Mit welcher Wahrscheinlichkeit erhält sie einen Summenwert, der durch 5 teilbar ist?

  Lösung: Anzahl der günstigen Ergebnisse: 7     (nämlich 1 + 4; 2 + 3; 3 + 2; 4 + 1; 4 + 6; 5 + 5; 6 + 4)
  Anzahl der möglichen Ergebnisse: 36  (nämlich 1 + 1; 1 + 2; 2 + 1; ... ; 6 + 6)

  $P = \dfrac{7}{36} \approx 19\,\%$

- Jakob wirft einen L-Spielwürfel dreimal. Mit welcher Wahrscheinlichkeit wirft er
  **a)** erst beim dritten Wurf eine Sechs?     **b)** genau zweimal 1?

  Lösung:

  **a)** Die Wahrscheinlichkeit, dass er beim ersten Wurf keine Sechs wirft, ist $\dfrac{5}{6}$; ebenso beim zweiten Wurf.

  Die Wahrscheinlichkeit, dass er beim dritten Wurf eine Sechs wirft, ist $\dfrac{1}{6}$.

  Deshalb ist P(„Erst beim dritten Wurf eine Sechs") = $\dfrac{5}{6} \cdot \dfrac{5}{6} \cdot \dfrac{1}{6} = \dfrac{25}{216} \approx 12\,\%$.

  **b)** Die Wahrscheinlichkeit, eine 1 zu werfen, ist $\dfrac{1}{6}$; die Wahrscheinlichkeit, keine 1 zu werfen, ist $\dfrac{5}{6}$.

  Die von 1 verschiedene Augenanzahl kann entweder beim ersten oder beim zweiten oder beim dritten Wurf geworfen werden. Also ist

  P(„Unter drei Würfen genau zweimal 1") = $P(\overline{1}11; 1\overline{1}1; 11\overline{1}) = \dfrac{5}{6} \cdot \dfrac{1}{6} \cdot \dfrac{1}{6} + \dfrac{1}{6} \cdot \dfrac{5}{6} \cdot \dfrac{1}{6} + \dfrac{1}{6} \cdot \dfrac{1}{6} \cdot \dfrac{5}{6} = 3 \cdot \dfrac{1}{6} \cdot \left(\dfrac{5}{6}\right)^2 \approx 35\,\%$.

*Viel Spaß und Erfolg beim Bingo-Blatt 10!*

# Laplace-Wahrscheinlichkeit II — 10

**6 | 1** — Ordne nach der geschätzten Wahrscheinlichkeit:
(1) Morgen regnet es.
(2) Morgen werde ich mich waschen.
(3) Morgen schlafe ich aus.

**6 | 2** — Du ziehst aus den Kärtchen
G L U E C K
„blind" genau ein Kärtchen. Mit welcher Wahrscheinlichkeit ziehst du ein U?

**6 | 3** — Wie groß ist die Wahrscheinlichkeit, bei einmaligem Werfen eines L-Spielwürfels eine gerade Augenanzahl zu werfen?

**6 | 4** — dzoker

**6 | 5** — Du ziehst aus den Kärtchen
M I S S I S S I P P I
„blind" genau ein Kärtchen. Mit welcher Wahrscheinlichkeit ziehst du kein P?

**6 | 6** — Mit welcher Wahrscheinlichkeit ist unter den Ergebnissen von 4 Würfen mit einem L-Spielwürfel mindestens eine 6?

---

**5 | 1** — Ordne nach der geschätzten Wahrscheinlichkeit:
(1) Am 1. 1. schneit es.
(2) Beim einmaligen Würfeln mit einem L-Spielwürfel werfe ich eine 6.
(3) Am Montag sehe ich fern.

**5 | 2** — Finde ein passendes Zufallsexperiment, wenn $\Omega = \{11; 10; 01; 00\}$ ist. Dabei bedeutet 1: Treffer und 0: Niete.

**5 | 3** — JOKER

**5 | 4** — Du ziehst aus den Kärtchen
F E R I E N
„blind" genau ein Kärtchen. Mit welcher Wahrscheinlichkeit ziehst du ein E?

**5 | 5** — Du ziehst aus den Kärtchen
F E R I E N
„blind" genau ein Kärtchen. Mit welcher Wahrscheinlichkeit ziehst du kein E?

**5 | 6** — Du ziehst aus den Kärtchen
F E R I E N
„blind" genau ein Kärtchen. Mit welcher Wahrscheinlichkeit ziehst du einen Vokal?

---

**4 | 1** — Zeichne ein Glücksrad, bei dem die Wahrscheinlichkeit für Rot 50 %, die Wahrscheinlichkeit für Gelb 25 % und die Wahrscheinlichkeit für Blau 25 % ist.

**4 | 2** — Wie groß ist die Wahrscheinlichkeit, dass du bei dreimaligem Werfen einer L-Münze dreimal „Zahl" wirfst?

**4 | 3** — Wie groß ist die Wahrscheinlichkeit, dass du mit einem L-Spielwürfel bei zweimaligem Werfen als Summenwert der Augenanzahlen mindestens 11 erhältst?

**4 | 4** — Wie viele dreistellige ungerade natürliche Zahlen sind kleiner als 555?

**4 | 5** — Wann hat Pierre Simon de Laplace gelebt?
■ 1646 bis 1716
■ 1749 bis 1827
■ 1852 bis 1939

**4 | 6** — COMODIN

---

**3 | 1** — Zeichne ein Glücksrad mit vier Sektoren, bei dem die Wahrscheinlichkeit für Rot, Blau, Grün und Schwarz jeweils gleich groß ist.

**3 | 2** — JOLLY

**3 | 3** — Wie groß ist die Wahrscheinlichkeit, dass du bei fünfmaligem Werfen einer L-Münze genau viermal „Zahl" wirfst?

**3 | 4** — Wie viele dreistellige natürliche Zahlen haben den Quersummenwert 4?

**3 | 5** — Aus welchem Land stammt Pierre Simon de Laplace?
■ Deutschland
■ England
■ Frankreich

**3 | 6** — Mit welcher Wahrscheinlichkeit erzielt man bei zweimaligem Drehen dieses L-Glücksrads nur Primzahlen?

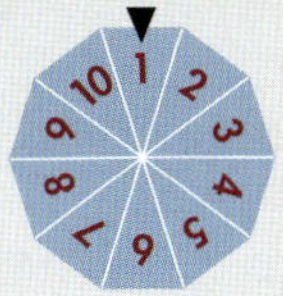

---

**2 | 1** — Welche der Zufallsexperimente sind Laplace-Experimente?
● Werfen einer 50-ct-Münze
● Werfen eines Knopfs
● Werfen eines Reißnagels

**2 | 2** — Gregor, Laura und Sophie kommen in zufälliger Reihenfolge und einzeln zu einer Party. Gib P(**L**G**S**) an.

**2 | 3** — Du wirfst einen L-Spielwürfel dreimal. Mit welcher Wahrscheinlichkeit wirfst du spätestens beim dritten Wurf eine 6?

**2 | 4** — Du wirfst einen L-Spielwürfel dreimal. Mit welcher Wahrscheinlichkeit wirfst du zuerst 3, dann 5 und schließlich 2 Augen?

**2 | 5** — COKER

**2 | 6** — Du wirfst einen L-Spielwürfel dreimal. Mit welcher Wahrscheinlichkeit wirfst du dabei drei gleiche Augenanzahlen?

---

**1 | 1** — IOCULATOR

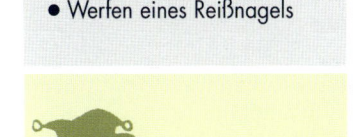

**1 | 2** — In einer Urne sind vier gelbe Kugeln und eine rote Kugel. Du ziehst „blind" zweimal je eine Kugel, legst aber jeweils die gezogene Kugel wieder zurück. Gib P(g g) an.

**1 | 3** — Du wirfst einen L-Spielwürfel dreimal. Mit welcher Wahrscheinlichkeit wirfst du erst beim dritten Wurf eine 6?

**1 | 4** — Du wirfst einen L-Spielwürfel dreimal. Mit welcher Wahrscheinlichkeit wirfst du mindestens zweimal die Augenanzahl 6?

**1 | 5** — Sophie wirft einen L-Spielwürfel 10-mal. Mit welcher Wahrscheinlichkeit wirft sie bei den ersten beiden Würfen jeweils 6 Augen, sonst aber nicht?

**1 | 6** — Du wirfst einen L-Spielwürfel dreimal. Mit welcher Wahrscheinlichkeit wirfst du dabei zuerst 2, dann 4 und schließlich 6 Augen?

| | 1 | 2 | 3 | 4 | 5 | 6 |
|---|---|---|---|---|---|---|
| 6 | | | | džoker (Kroatisch/Serbisch) | | |
| 5 | | | JOKER (Englisch) | | | |
| 4 | | | | | | COMODIN (Spanisch) |
| 3 | | JOLLY (Italienisch) | | | | |
| 2 | | | | | COKER (Türkisch) | |
| 1 | IOCULATOR (Lateinisch) | | | | | |

## 11 Hilfe

**Wenn du Hilfe beim Zählprinzip und den Symbolen n! und $\binom{n}{k}$ benötigst ...**

$n! = 1 \cdot 2 \cdot 3 \cdot 4 \cdot \ldots \cdot n \quad (n \in \mathbb{N}\setminus\{1\}) \quad 1! = 1 \quad 0! = 1$

Beispiele:

- In wie vielen verschiedenen Reihenfolgen kannst du vier Gummibärchen (ein rotes, ein grünes, ein gelbes und ein weißes) nebeneinander anordnen?
  
  Lösung:

  | Für die Besetzung der | 1. Stelle | 2. Stelle | 3. Stelle | 4. Stelle |
  |---|---|---|---|---|
  | gibt es ... Möglichkeiten | 4 | 3 | 2 | 1 |

  Die Anzahl der Möglichkeiten ist also $4 \cdot 3 \cdot 2 \cdot 1 = 4! = 24$.

- In wie vielen verschiedenen Reihenfolgen kannst du vier Gummibärchen (zwei rote, ein grünes, ein gelbes und ein weißes) nebeneinander anordnen?
  
  Lösung: Die Anzahl der Möglichkeiten ist $4! : (2!) = 12$.

- In wie vielen verschiedenen Reihenfolgen kannst du vier Gummibärchen (zwei rote und zwei grüne) nebeneinander anordnen?
  
  Lösung: Die Anzahl der Möglichkeiten ist $4! : (2! \cdot 2!) = 6$.

- In wie vielen verschiedenen Reihenfolgen kannst du vier Gummibärchen (drei rote und ein grünes) nebeneinander anordnen?
  
  Lösung: Die Anzahl der Möglichkeiten ist $4! : (3!) = 4$.

- Zwei (allgemein: k) Eintrittskarten sollen unter sechs (allgemein: n) Personen verlost werden. Wie viele Möglichkeiten gibt es, aus einer Gruppe von sechs Personen zwei auszuwählen?
  
  Lösung: Die Anzahl der Möglichkeiten ist $\binom{6}{2} = \dfrac{6!}{2! \cdot (6-2)!} = \dfrac{6!}{2! \cdot 4!} = \dfrac{6 \cdot 5 \cdot 4!}{2! \cdot 4!} = (6 \cdot 5) : 2 = 15$.

Allgemein: $\binom{n}{k} = \dfrac{n!}{k! \cdot (n-k)!} \quad (k \in \mathbb{N}_0; n \in \mathbb{N}; k \leq n)$

Viel Spaß und Erfolg beim Bingo-Blatt 11!

# Zählprinzip 11

| | ① | ② | ③ | ④ | ⑤ | ⑥ |
|---|---|---|---|---|---|---|
| **6** | $n! > n^n$ für jedes $n \in \mathbb{N}$. ☐ Die Aussage ist wahr. ☐ Die Aussage ist falsch. | Berechne $\binom{6}{2}$ und formuliere eine passende Aufgabe. | $\binom{10}{2} = \binom{10}{8}$ ☐ Die Aussage ist wahr. ☐ Die Aussage ist falsch. | džoker | Berechne $\binom{7}{5}$. Formuliere eine passende Aufgabe. | Berechne $100! : (98!)$. |
| **5** | Zeige, dass $\binom{n}{k} = \binom{n}{n-k}$ für jeden Wert von $n \in \mathbb{N}$ und von $k \in \mathbb{N}_0$ mit $k \le n$ gilt. | Auf wie viele verschiedene Arten kannst du aus zehn Schülerinnen drei Schülerinnen auswählen? | JOKER | $\binom{365}{65} = \binom{365}{300}$. ☐ Die Aussage ist wahr. ☐ Die Aussage ist falsch. | Wie viele verschiedene Möglichkeiten gibt es, die Buchstaben des Worts FUSSBALL in einer Reihe anzuordnen? | Berechne den Wert der Summe $\binom{6}{0} + \binom{6}{1} + \binom{6}{2} + \binom{6}{3} + \binom{6}{4} + \binom{6}{5} + \binom{6}{6}$. |
| **4** | Gib den Wert von 0! an. | Wie viele verschiedene Blumenstöcke brauchst du mindestens, wenn du sie an jedem Tag einer Woche in unterschiedlicher Reihenfolge nebeneinander stellen möchtest? | $\binom{3}{0} + \binom{3}{1} + \binom{3}{2} + \binom{3}{3} = 2^3$ ☐ Die Aussage ist wahr. ☐ Die Aussage ist falsch. | Wie viele verschiedene PINs kannst du aus den Ziffern 3, 5, 7 und 9 bilden, wenn jede dieser Ziffern genau einmal vorkommen soll? | Wie viele verschiedene ungerade vierstellige natürliche Zahlen kannst du aus den Ziffern 1, 4, 6 und 8 bilden, wenn jede dieser Ziffern auch mehr als einmal auftreten darf? | COMODIN |
| **3** | Gib den Wert von 1! an. | JOLLY | Auf wie viele verschiedene Arten kann man aus dem Wort MATHEMATIK auf einmal zwei Buchstaben auswählen? | Wie viele verschiedene vierstellige natürliche Zahlen kannst du aus den Ziffern 2, 4, 6 und 8 bilden, wenn jede dieser Ziffern genau einmal vorkommen soll? | $\binom{2}{0} + \binom{2}{1} + \binom{2}{2} = 2^2$ ☐ Die Aussage ist wahr. ☐ Die Aussage ist falsch. | Laura multipliziert die vier Ziffern ihrer PIN und erhält als Produktwert 3. Wie könnte ihre PIN lauten? Gib alle Möglichkeiten an. |
| **2** | Auf wie viele verschiedene Arten kannst du aus 18 Schülern zwei Schüler auswählen? | Berechne $\binom{12}{12} - \binom{12}{1}$. | Auf wie viele verschiedene Arten kann man aus dem Wort MATHEMATIK auf einmal zwei Vokale auswählen? | Auf wie viele verschiedene Arten kann man aus dem Wort NATUR zwei verschiedene Buchstaben auswählen? | COKER | Berechne $\dfrac{\binom{5}{1} \cdot \binom{7}{5}}{\binom{12}{6}}$ |
| **1** | IOCULATOR | $\binom{10}{4} + \binom{10}{5} = \binom{11}{5}$ ☐ Die Aussage ist wahr. ☐ Die Aussage ist falsch. | Auf wie viele verschiedene Arten kann man aus dem Wort MATHEMATIK auf einmal zwei Konsonanten auswählen? | Wie viele verschiedene vierstellige natürliche Zahlen kannst du aus den Ziffern 0, 2, 5 und 7 bilden, wenn jede dieser Ziffern genau einmal vorkommen soll? | $\binom{4}{0} + \binom{4}{1} + \binom{4}{2} + \binom{4}{3} + \binom{4}{4} = 2^4$ ☐ Die Aussage ist wahr. ☐ Die Aussage ist falsch. | Berechne den Wert der Summe $\binom{5}{0} + \binom{5}{1} + \binom{5}{2} + \binom{5}{3} + \binom{5}{4} + \binom{5}{5}$. |

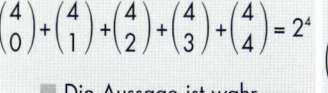

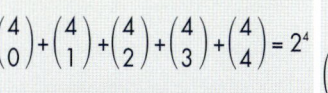

| | 1 | 2 | 3 | 4 | 5 | 6 |
|---|---|---|---|---|---|---|
| 6 | | | | džoker<br>Kroatisch / Serbisch | | |
| 5 | | | JOKER<br>Englisch | | | |
| 4 | | | | | | COMODIN<br>Spanisch |
| 3 | | JOLLY<br>Italienisch | | | | |
| 2 | | | | | COKER<br>Türkisch | |
| 1 | IOCULATOR<br>Lateinisch | | | | | |

53

## 12 Hilfe — Wenn du Hilfe bei zusammengesetzten Zufallsexperimenten und bei den Pfadregeln brauchst ...

Je nachdem, ob man ein Zufallsexperiment in **einem** oder in **mehreren** Schritten durchführt, nennt man es **einstufig** bzw. **mehrstufig** (oder **zusammengesetzt**).

Beispiel:
- In einer Urne sind zwei Kugeln, eine rote und eine blaue. Jakob zieht „blind" eine Kugel, notiert ihre Farbe und legt die Kugel zurück. Dann zieht er „blind" ein zweites Mal eine Kugel und notiert wieder ihre Farbe.

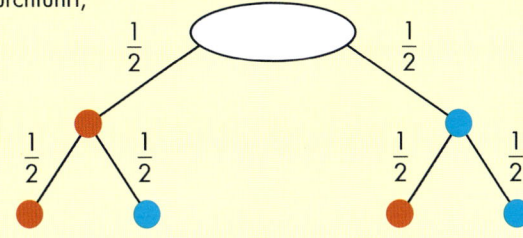

Mehrstufige Zufallsexperimente lassen sich durch **Baumdiagramme** veranschaulichen; dabei vermerkt man an jedem Teilpfad die jeweilige Wahrscheinlichkeit. Es gilt:

- Der Summenwert der Wahrscheinlichkeiten auf den Teilpfaden, die von einem Verzweigungspunkt ausgehen, ist stets 1. In obigem Beispiel ergibt sich für jede der drei Verzweigungen $\frac{1}{2} + \frac{1}{2} = 1$.

- Die Wahrscheinlichkeit eines Ergebnisses ist gleich dem **Produkt** der Wahrscheinlichkeiten auf dem (Gesamt-)Pfad, der zu diesem Ergebnis führt. In obigem Beispiel ist P(„Jakob zieht zwei rote Kugeln") = P(●●) = $\frac{1}{2} \cdot \frac{1}{2} = \frac{1}{4} = 25\,\%$.

- Die Wahrscheinlichkeit eines Ereignisses ist gleich der **Summe** der Wahrscheinlichkeiten der zugehörigen Ergebnisse am Ende der (Gesamt-)Pfade. In obigem Beispiel ist P(„Jakob zieht zwei gleichfarbige Kugeln") = P(●● ; ●●) = $\frac{1}{4} + \frac{1}{4} = \frac{1}{2} = 50\,\%$.

Beispiel
- Jakob wirft einen L-Spielwürfel zweimal. Ermittle jeweils die Wahrscheinlichkeit
  
  **a)** des Ereignisses $E_1$: „Jakob wirft zuerst die Augenanzahl 4 und dann die Augenanzahl 5".
  
  Lösung: $P(4\ 5) = \frac{1}{6} \cdot \frac{1}{6} = \frac{1}{36} \approx 2{,}8\,\%$.
  
  **b)** des Ereignisses $E_2$: „Jakob wirft zweimal die gleiche Augenanzahl".
  
  Lösung: $P(1\ 1;\ 2\ 2;\ 3\ 3;\ 4\ 4;\ 5\ 5;\ 6\ 6) = \frac{1}{6} \cdot \frac{1}{6} + \frac{1}{6} \cdot \frac{1}{6} + \frac{1}{6} \cdot \frac{1}{6} + \frac{1}{6} \cdot \frac{1}{6} + \frac{1}{6} \cdot \frac{1}{6} + \frac{1}{6} \cdot \frac{1}{6} = \frac{6}{36} = \frac{1}{6} \approx 17\,\%$.

Weitere Tipps findest du auf den Hilfe-Blättern 13 und 14.

*Viel Spaß und Erfolg beim Bingo-Blatt 12!*

# Zusammengesetzte Zufallsexperimente — 12

## 6

**Ergänze die Vierfeldertafel**

|     | A    | Ā    |      |
| --- | ---- | ---- | ---- |
| B   | 0,21 |      |      |
| B̄   |      | 0,52 | 0,77 |
|     |      |      | 1    |

**und gib P(A ∩ B) an.**

---

**Mit welcher Wahrscheinlichkeit tritt entweder A oder aber B ein?**

|     | A    | Ā    |      |
| --- | ---- | ---- | ---- |
| B   | 0,30 | 0,25 | 0,55 |
| B̄   | 0,13 | 0,32 | 0,45 |
|     | 0,43 | 0,57 | 1    |

---

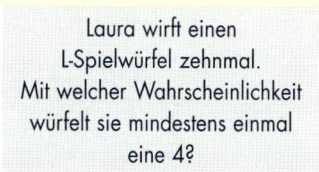

Laura wirft einen L-Spielwürfel zehnmal. Mit welcher Wahrscheinlichkeit würfelt sie mindestens einmal eine 4?

---

*džoker*

---

Formuliere zum Ansatz
$$P(E) = 1 - 0,5^6$$
eine passende Aufgabe.

---

**Mit welcher Wahrscheinlichkeit tritt A oder B̄ ein?**

|     | A    | Ā    |      |
| --- | ---- | ---- | ---- |
| B   | 0,22 | 0,44 | 0,66 |
| B̄   | 0,13 | 0,21 | 0,34 |
|     | 0,35 | 0,65 | 1    |

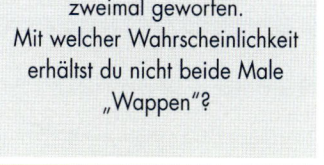

## 5

**Mit welcher Wahrscheinlichkeit treten beide Ereignisse ein?**

|     | A    | Ā    |      |
| --- | ---- | ---- | ---- |
| B   | 0,30 | 0,25 | 0,55 |
| B̄   | 0,13 | 0,32 | 0,45 |
|     | 0,43 | 0,57 | 1    |

---

Ein L-Spielwürfel wird zweimal geworfen. Mit welcher Wahrscheinlichkeit sind beide Augenanzahlen Primzahlen?

---

*JOKER*

---

Mit welcher Wahrscheinlichkeit haben zwei zufällig ausgewählte Personen am selben Tag Geburtstag?

---

In einem Flugzeug mit 250 Plätzen sind 241 Plätze belegt. Wie viele verschiedene Möglichkeiten für die Lage der neun freien Plätze gibt es?

---

**Mit welcher Wahrscheinlichkeit tritt entweder A oder aber B ein?**

|     | A    | Ā    |      |
| --- | ---- | ---- | ---- |
| B   | 0,22 | 0,44 | 0,66 |
| B̄   | 0,13 | 0,21 | 0,34 |
|     | 0,35 | 0,65 | 1    |

## 4

Ein L-Spielwürfel wird zweimal geworfen. A: „Die erste Augenanzahl ist eine Primzahl." B: „Die zweite Augenanzahl ist keine Primzahl" Berechne P(A ∪ B).

---

Eine L-Münze wird zweimal geworfen. Mit welcher Wahrscheinlichkeit erhältst du nicht beide Male „Wappen"?

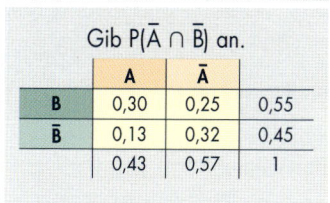

---

Gregor wirft eine L-Münze zehnmal. Mit welcher Wahrscheinlichkeit wirft er mindestens einmal „Wappen"?

---

Mit welcher Wahrscheinlichkeit haben zwei zufällig ausgewählte Personen im selben Monat Geburtstag?

---

Gregor wirft einen L-Spielwürfel zehnmal. Mit welcher Wahrscheinlichkeit wirft er mindestens neunmal eine 6?

---

*COMODIN*

## 3

**Gib P(Ā ∩ B̄) an.**

|     | A    | Ā    |      |
| --- | ---- | ---- | ---- |
| B   | 0,30 | 0,25 | 0,55 |
| B̄   | 0,13 | 0,32 | 0,45 |
|     | 0,43 | 0,57 | 1    |

---

*JOLLY*

---

**Mit welcher Wahrscheinlichkeit tritt keines der beiden Ereignisse ein?**

|     | A    | Ā    |      |
| --- | ---- | ---- | ---- |
| B   |      |      | 0,66 |
| B̄   | 0,13 |      |      |
|     |      | 0,65 | 1    |

---

**Gib P(Ā ∩ B) an.**

|     | A    | Ā    |      |
| --- | ---- | ---- | ---- |
| B   | 0,30 | 0,25 | 0,55 |
| B̄   | 0,13 | 0,32 | 0,45 |
|     | 0,43 | 0,57 | 1    |

---

Wie oft muss man einen L-Spielwürfel mindestens werfen, um mit einer Wahrscheinlichkeit von mindestens 90 % mindestens eine 6 zu werfen?

---

Wie oft muss man einen L-Spielwürfel mindestens werfen, um mit einer Wahrscheinlichkeit von mindestens 50 % mindestens eine 6 zu werfen?

## 2

Ein L-Spielwürfel wird zweimal geworfen. A: „Die erste Augenanzahl ist eine Primzahl." B: „Die zweite Augenanzahl ist eine gerade Zahl." Berechne P(A ∩ B̄).

---

**Gib ein passendes Zufallsexperiment an.**

|     | A    | Ā    |      |
| --- | ---- | ---- | ---- |
| B   | 0,25 | 0,25 | 0,50 |
| B̄   | 0,25 | 0,25 | 0,50 |
|     | 0,50 | 0,50 | 1    |

---

Ein L-Spielwürfel wird sechsmal geworfen. Mit welcher Wahrscheinlichkeit fällt beim sechsten Wurf zum ersten Mal eine 6?

---

Eine L-Münze wird fünfmal geworfen. Wie groß ist die Wahrscheinlichkeit, dass genau dreimal „Zahl" geworfen wird?

---

*COKER*

---

**Ergänze die Vierfeldertafel**

|     | A    | Ā    |      |
| --- | ---- | ---- | ---- |
| B   |      |      | 0,55 |
| B̄   | 0,13 |      |      |
|     |      | 0,65 | 1    |

**und gib P(A) an.**

## 1

*IOCULATOR*

---

Ein L-Spielwürfel wird zweimal geworfen. Mit welcher Wahrscheinlichkeit ist die Augenanzahl bei beiden Würfen 6?

---

Ein L-Spielwürfel wird dreimal geworfen. Mit welcher Wahrscheinlichkeit wird dreimal eine 1 geworfen?

---

Ein Würfel trägt auf seinen Flächen die Zahlen 2; 2; 2; 2; 5 bzw. 5. Er wird achtmal geworfen. Wie viele verschiedene Wurffolgen sind möglich?

---

In einer Schule haben 10 % der 900 Schüler ein Mofa, 80 % ein Fahrrad; 90 % der Fahrradbesitzer haben kein Mofa. Wie viele Schüler haben weder ein Mofa noch ein Fahrrad?

---

Ein L-Spielwürfel wird sechsmal geworfen. Mit welcher Wahrscheinlichkeit wird jede der sechs Augenanzahlen genau einmal geworfen?

| | **1** | **2** | **3** | **4** | **5** | **6** |
|---|---|---|---|---|---|---|
| **6** | | | | džoker<br>Kroatisch / Serbisch | | |
| **5** | | | JOKER<br>Englisch | | | |
| **4** | | | | | | COMODIN<br>Spanisch |
| **3** | | JOLLY<br>Italienisch | | | | |
| **2** | | | | | COKER<br>Türkisch | |
| **1** | IOCULATOR<br>Lateinisch | | | | | |

**Wenn du Hilfe beim Ziehen aus einer Lostrommel (einer Urne) brauchst ...**

# 13 Hilfe

Beispiele:

- In einer Lostrommel (oder einer Urne) sind 10 Lose, darunter genau zwei Gewinnlose. Jakob zieht zweimal ein Los. Mit welcher Wahrscheinlichkeit zieht er
  a) beide Gewinnlose?
  b) genau ein Gewinnlos?
  c) kein Gewinnlos?

Lösung:

a) P(„Zwei Gewinnlose") = $\frac{2}{10} \cdot \frac{1}{9} \approx 2,2\,\%$

b) P(„Genau ein Gewinnlos") = $\frac{2}{10} \cdot \frac{8}{9} + \frac{8}{10} \cdot \frac{2}{9} \approx 35,6\,\%$

c) P(„Kein Gewinnlos") = $\frac{8}{10} \cdot \frac{7}{9} \approx 62,2\,\%$

- In einer Urne sind 10 Kugeln, darunter genau zwei rote. Jakob zieht „blind" eine Kugel, notiert die Farbe und legt die Kugel zurück. Dann zieht er nochmals eine Kugel. Mit welcher Wahrscheinlichkeit zieht er
  a) beide Male eine rote Kugel?
  b) genau einmal eine rote Kugel?
  c) keine rote Kugel?

Lösung:

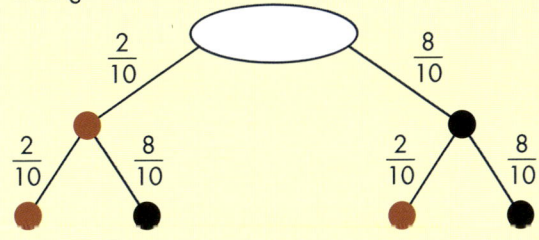

a) P(„Zwei rote Kugeln") = $\frac{2}{10} \cdot \frac{2}{10} = 4\,\%$

b) P(„Genau eine rote Kugel") = $\frac{2}{10} \cdot \frac{8}{10} + \frac{8}{10} \cdot \frac{2}{10} = 32\,\%$

c) P(„Keine rote Kugel") = $\frac{8}{10} \cdot \frac{8}{10} = 64\,\%$

Auf dem Hilfe-Blatt 14 findest du weitere Tipps!

Viel Spaß und Erfolg beim Bingo-Blatt 13!

# Urnenmodell I — 13

## 6

**1.** In einer Lostrommel sind 10 Lose, darunter 4 Gewinnlose. Gregor kauft drei Lose. Mit welcher Wahrscheinlichkeit zieht er genau ein Gewinnlos?

**2.** In der Bevölkerung gibt es etwa 5 % Linkshänder. Wie groß ist die Wahrscheinlichkeit, dass in einer Klasse mit 30 Schülern kein Linkshänder ist?

**3.** In einer Urne sind 4 rote und 6 weiße Kugeln. Du ziehst dreimal je eine Kugel „mit Zurücklegen". Mit welcher Wahrscheinlichkeit ziehst du genau zwei rote Kugeln?

**4.** dzoker

**5.** Formuliere eine zum Ansatz $P(E) = 1 - 0{,}75^{10}$ passende „Urnenaufgabe".

**6.** Beschreibe ein Ereignis, dessen Wahrscheinlichkeit $\binom{3}{2} \cdot \frac{4}{10} \cdot \frac{3}{9} \cdot \frac{6}{8}$ beträgt.

## 5

**1.** In einer Lostrommel sind 10 Lose, darunter 4 Gewinnlose. Gregor kauft drei Lose. Mit welcher Wahrscheinlichkeit zieht er kein Gewinnlos?

**2.** Lucas „verwandelt" einen Elfmeter mit einer Wahrscheinlichkeit von 85 %. Mit welcher Wahrscheinlichkeit „verwandelt" er vier von 5 Elfmeterschüssen?

**3.** JOKER

**4.** In der Bevölkerung gibt es etwa 5 % Linkshänder. Wie groß ist die Wahrscheinlichkeit, dass in einer Klasse mit 30 Schülern mindestens ein Linkshänder ist?

**5.** In einer Klasse sind 12 Mädchen und 18 Jungen. Durch Losentscheid werden vier Kinder ausgewählt. Gib die Wahrscheinlichkeit P(„Mindestens ein Junge wird ausgewählt") an.

**6.** In einer Klasse sind 12 Mädchen und 18 Jungen. Durch Losentscheid werden vier Kinder ausgewählt. Gib die Wahrscheinlichkeit P(„Mindestens ein Mädchen wird ausgewählt") an.

## 4

**1.** 70 % aller Telefongespräche kommen beim ersten Wählen zustande. Laura möchte zehn Telefonate führen. Wie groß ist die Wahrscheinlichkeit, dass sie jedes Mal sofort „durchkommt"?

**2.** Wie groß ist die relative Häufigkeit der Linkshänder in deiner Klasse?

**3.** Durchschnittlich sind in einer Lieferung 5 % Schokohasen zerbrochen. Mit welcher Wahrscheinlichkeit ist in einer Packung mit 10 Schokohasen keiner zerbrochen?

**4.** In einer Urne sind 4 rote und 6 weiße Kugeln. Du ziehst dreimal je eine Kugel „ohne Zurücklegen". Mit welcher Wahrscheinlichkeit ziehst du keine einzige rote Kugel?

**5.** In einer Urne sind 4 rote und 6 weiße Kugeln. Du ziehst achtmal je eine Kugel „mit Zurücklegen". Mit welcher Wahrscheinlichkeit ziehst du lauter gleichfarbige Kugeln?

**6.** COMODIN

## 3

**1.** Die Wahrscheinlichkeit für die Geburt eines Mädchens liegt bei etwa 49 %. Wie groß ist die Wahrscheinlichkeit für die Geburt eines Jungen?

**2.** JOLLY

**3.** 70 % aller Telefongespräche kommen beim ersten Wählen zustande. Laura möchte zehn Telefonate führen. Wie groß ist die Wahrscheinlichkeit, dass sie genau dreimal sofort „durchkommt"?

**4.** Formuliere eine zum Ansatz $P(E) = \binom{8}{2} \cdot 0{,}3^2 \cdot 0{,}7^6$ passende „Urnenaufgabe".

**5.** Jedem fünften Fitnessriegel liegt ein Sammelbild bei. Wie viele Riegel muss Ben kaufen, um mit mindestens 50 % Wahrscheinlichkeit mindestens ein Bild zu erhalten?

**6.** In einer Urne sind neun rote Kugeln sowie eine goldene. Es werden zwei Kugeln „ohne Zurücklegen" gezogen. Gib die Wahrscheinlichkeit P(„Die goldene Kugel wird gezogen") an.

## 2

**1.** Die Wahrscheinlichkeit für die Geburt eines Mädchens liegt bei etwa 49 %. Etwa um wie viel Prozent ist die Geburt eines Jungen wahrscheinlicher als die eines Mädchens?

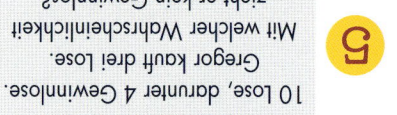

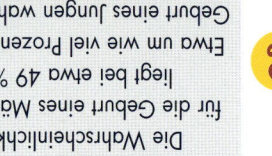

**2.** 70 % aller Telefongespräche kommen beim ersten Wählen zustande. Laura möchte zehn Telefonate führen. Wie groß ist die Wahrscheinlichkeit, dass sie genau einmal sofort „durchkommt"?

**3.** 22 % der in Deutschland geprägten 2-€-Münzen werden in München hergestellt. Alex hat drei deutsche 2-€-Münzen. Mit welcher Wahrscheinlichkeit sind davon zwei in München geprägt?

**4.** In einer Urne sind 4 rote und 6 weiße Kugeln. Du ziehst dreimal je eine Kugel „ohne Zurücklegen". Mit welcher Wahrscheinlichkeit ziehst du genau eine rote Kugel?

**5.** COKER

**6.** Aus einer Urne mit zwei roten Kugeln und einer goldenen Kugel werden Einzelkugeln gezogen. Beschreibe ein Ereignis E, für das $P(E) = \left(\frac{2}{3}\right)^3 \cdot \frac{1}{3}$ ist.

## 1

**1.** IOCULATOR

**2.** In einer Urne sind 4 rote und 6 weiße Kugeln. Du ziehst dreimal je eine Kugel „mit Zurücklegen". Mit welcher Wahrscheinlichkeit ziehst du genau eine rote Kugel?

**3.** Formuliere eine zum Ansatz $P(E) = \binom{4}{2} \cdot 0{,}9^2 \cdot 0{,}1^2$ passende „Urnenaufgabe".

**4.** Beschreibe ein Ereignis, dessen Wahrscheinlichkeit $3! \cdot 0{,}2 \cdot 0{,}5 \cdot 0{,}3$ beträgt.

**5.** In einer Klasse sind 12 Mädchen und 18 Jungen. Durch Losentscheid werden vier Kinder ausgewählt. Gib die Wahrscheinlichkeit P(**MJMJ**) an.

**6.** In einer Urne sind vier rote Kugeln sowie eine goldene. Es werden nacheinander zwei Kugeln „mit Zurücklegen" gezogen. Gib P(„Die gezogenen Kugeln sind gleichfarbig") an.

| | 1 | 2 | 3 | 4 | 5 | 6 |
|---|---|---|---|---|---|---|
| 6 | | | | džoker — Kroatisch/Serbisch | | |
| 5 | | | JOKER — Englisch | | | |
| 4 | | | | | | COMODIN — Spanisch |
| 3 | | JOLLY — Italienisch | | | | |
| 2 | | | | COKER — Türkisch | | |
| 1 | IOCULATOR — Lateinisch | | | | | |

**Wenn du weitere Hilfe beim Ziehen aus einer Lostrommel (einer Urne) brauchst ...**

# 14 Hilfe

Beispiele:

- Ein Biathlonsportler trifft beim Schießen mit einer Wahrscheinlichkeit von 80 %.
  Mit welcher Wahrscheinlichkeit trifft er
  
  **a)** bei jedem seiner fünf Schüsse?
  **b)** bei mindestens einem seiner fünf Schüsse?
  **c)** bei genau einem seiner fünf Schüsse?
  
  Lösung mit Hilfe eines Urnenmodells:
  Du legst 4 weiße Kugeln („Treffer") und 1 schwarze Kugel in eine Urne. Damit hast du die Trefferwahrscheinlichkeit 80 % modelliert.
  Nun ziehst du fünfmal je eine Kugel „mit Zurücklegen" und erhältst
  
  **a)** P(„Fünf Treffer") = $0{,}8^5 \approx 32{,}8\,\%$.
  **b)** P(„Mindestens ein Treffer") = $1 - 0{,}2^5 \approx 99{,}97\,\%$. *(also „nicht kein Treffer")*
  
  **c)** P(„Genau ein Treffer")
  = $5 \cdot 0{,}8 \cdot 0{,}2^4 = 0{,}64\,\%$.

- Mindestens wie oft musst du mit einem L-Spielwürfel würfeln, um mit einer Wahrscheinlichkeit von mindestens
  
  **a)** 10 %
  **b)** 50 %
  **c)** 90 %
  **d)** 99 %   mindestens einmal (also „nicht keinmal") eine 6 zu werfen?
  
  Lösung:

  **a)** $1 - \left(\frac{5}{6}\right)^n \geq 0{,}1$

  $-\left(\frac{5}{6}\right)^n \geq -0{,}9$

  $\left(\frac{5}{6}\right)^n \leq 0{,}9$

  $n \geq 0{,}57788\ldots$

  **b)** $1 - \left(\frac{5}{6}\right)^n \geq 0{,}5$

  $-\left(\frac{5}{6}\right)^n \geq -0{,}5$

  $\left(\frac{5}{6}\right)^n \leq 0{,}5$

  $n \geq 3{,}80\ldots$

  **c)** $1 - \left(\frac{5}{6}\right)^n \geq 0{,}9$

  $-\left(\frac{5}{6}\right)^n \geq -0{,}1$

  $\left(\frac{5}{6}\right)^n \leq 0{,}1$

  $n \geq 12{,}629\ldots$

  **d)** $1 - \left(\frac{5}{6}\right)^n \geq 0{,}99$

  $-\left(\frac{5}{6}\right)^n \geq -0{,}01$

  $\left(\frac{5}{6}\right)^n \leq 0{,}01$

  $n \geq 25{,}2585\ldots$

  *Beachte die Änderungen der Ungleichheitszeichen!*

  Du musst mindestens einmal bzw. mindestens 4-mal bzw. mindestens 13-mal bzw. mindestens 26-mal würfeln.
  Hinweis: Man kann die Mindestanzahlen auch durch gezieltes Probieren finden.
  
  Auf dem Hilfe-Blatt 13 findest du weitere Tipps!

*Viel Spaß und Erfolg beim Bingo-Blatt 14!*

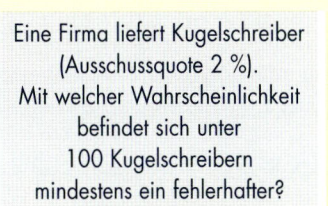

# Urnenmodell II — 14

**6 · 1** Die Wahrscheinlichkeit 0,3 soll durch eine Urne simuliert werden. Gib einen passenden Urneninhalt an und beschreibe die Art des Ziehens.

**6 · 2** Aus einer großen Kiste mit gleich vielen rot- bzw. gelbblühenden Tulpenzwiebeln werden „blind" 10 eingetütet. Mit welcher Wahrscheinlichkeit sind darunter genau fünf rotblühende?

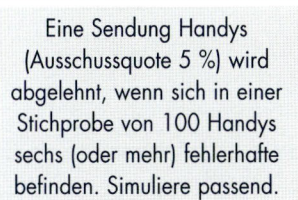

**6 · 3** Eine Firma liefert Kugelschreiber (Ausschussquote 2 %). Mit welcher Wahrscheinlichkeit befindet sich unter 100 Kugelschreibern mindestens ein fehlerhafter?

**6 · 4** *dzoker*

**6 · 5** Ben zieht aus einer Urne mit fünf mit M, A, T, H bzw. E beschrifteten Kugeln fünfmal je eine Kugel „mit Zurücklegen". Mit welcher Wahrscheinlichkeit zieht er alle fünf Buchstaben?

**6 · 6** In einer Urne sind eine weiße Kugel sowie zwei rote und drei blaue Kugeln. Tom zieht dreimal je eine Kugel „mit Zurücklegen". Mit welcher Wahrscheinlichkeit zieht er alle drei Farben?

---

**5 · 1** Eine Sendung Handys (Ausschussquote 5 %) wird abgelehnt, wenn sich in einer Stichprobe von 100 Handys sechs (oder mehr) fehlerhafte befinden. Simuliere passend.

**5 · 2** 15 % aller Autofahrer telefonieren während der Fahrt. Mit welcher Wahrscheinlichkeit telefoniert in 20 vorbeifahrenden Autos mindestens ein Fahrer?

**5 · 3** *JOKER*

**5 · 4** Aus einer Klasse mit 14 **M**ädchen und 16 **J**ungen werden durch Losentscheid vier Kinder ausgewählt. Gib die Wahrscheinlichkeit P(**JJJJ**) an.

**5 · 5** Lucas zieht aus einer Urne mit fünf mit L, U, C, A bzw. S beschrifteten Kugeln fünfmal je eine Kugel „ohne Zurücklegen". Mit welcher Wahrscheinlichkeit zieht er SACUL?

**5 · 6** In einer Urne sind zwei rote und drei weiße Kugeln. Beschreibe das Ereignis E, für das
$$P(E) = \binom{6}{4} \cdot \left(\frac{2}{5}\right)^4 \cdot \left(\frac{3}{5}\right)^2$$
gilt.

---

**4 · 1**
$$P = \binom{10}{10} \cdot 0{,}2^{10} \cdot 0{,}8^{0}$$
Formuliere eine passende „Urnenaufgabe".

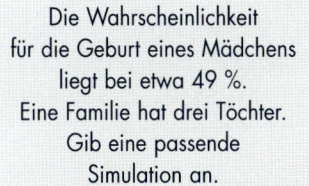

**4 · 2** Lucas kann 80 % der 50 neuen Englischwörter. In einem Test werden 20 dieser 50 Wörter geprüft. Mit welcher Wahrscheinlichkeit hat Lucas alle 20 richtig?

**4 · 3** Du entnimmst „blind" aus einer Hunderterpackung Smarties (25 gelbe, 40 rote und 35 grüne) drei Smarties. Mit welcher Wahrscheinlichkeit sind sie gleichfarbig?

**4 · 4** In einer Urne sind zwei rote und drei weiße Kugeln. Du ziehst viermal „mit Zurücklegen" je eine Kugel. Mit welcher Wahrscheinlichkeit ist nur die vierte rot?

**4 · 5** In einer Urne sind vier Lose mit der Nummer 1 bis 4. Mit welcher Wahrscheinlichkeit zieht Ina „ohne Zurücklegen" der Reihe nach die Nummern 1; 2; 3 und 4?

**4 · 6** *COMODIN*

---

**3 · 1** Die Wahrscheinlichkeit für die Geburt eines Mädchens liegt bei etwa 49 %. Eine Familie hat drei Töchter. Gib eine passende Simulation an.

**3 · 2** *JOLLY*

**3 · 3** Eine Urne enthält neun von 1 bis 9 nummerierte Kugeln. Mit welcher Wahrscheinlichkeit ziehst du als erstes eine „Primzahlnummer"?

**3 · 4** Für 4 offene Stellen bewerben sich 10 gleich qualifizierte Personen, darunter 6 Frauen. Die Besetzung erfolgt durch Losentscheid. Ermittle P(„3 Frauen erhalten eine Stelle").

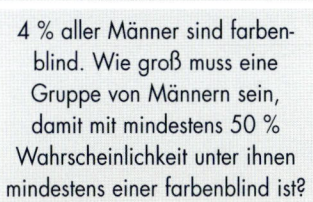

**3 · 5** 30 % aller Fitnessriegel liegt ein Sammelbild bei. Wie viele Riegel muss Ben kaufen, um mit mindestens 50 % Wahrscheinlichkeit mindestens ein Bild zu erhalten?

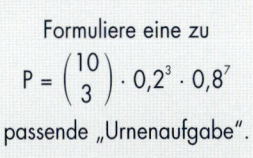

**3 · 6** In einer Urne sind 4 rote und 6 weiße Kugeln. Du ziehst dreimal „ohne Zurücklegen" je eine Kugel. Mit welcher Wahrscheinlichkeit ziehst du genau eine rote Kugel?

---

**2 · 1** 4 % aller Männer sind farbenblind. Wie groß muss eine Gruppe von Männern sein, damit mit mindestens 50 % Wahrscheinlichkeit unter ihnen mindestens einer farbenblind ist?

**2 · 2** Aus einer großen Kiste mit gleich vielen rot- bzw. gelbblühenden Tulpenzwiebeln werden „blind" 10 eingetütet. Mit welcher Wahrscheinlichkeit sind alle 10 „gleichblühend"?

**2 · 3** Formuliere eine zu
$$P = \binom{10}{3} \cdot 0{,}2^{3} \cdot 0{,}8^{7}$$
passende „Urnenaufgabe".

**2 · 4** Für 4 offene Stellen bewerben sich 10 gleich qualifizierte Personen, darunter 6 Frauen. Entwirf ein passendes Urnenmodell für die Besetzung durch Losentscheid.

**2 · 5** *COKER*

**2 · 6** Für 4 offene Stellen bewerben sich 10 gleich qualifizierte Personen, darunter 6 Frauen. Die Besetzung erfolgt durch Losentscheid. Ermittle P(„0 Frauen erhalten eine Stelle").

---

**1 · 1** *IOCULATOR*

**1 · 2** In einer Urne sind drei weiße und zwei rote Kugeln. Uli zieht zweimal je eine Kugel „ohne Zurücklegen". Mit welcher Wahrscheinlichkeit zieht er die beiden roten Kugeln?

**1 · 3** In einer Urne sind 45 von 1 bis 45 nummerierte Kugeln. Uwe zieht eine Kugel. Mit welcher Wahrscheinlichkeit erhält er eine Nummer mit Quersummenwert 5?

**1 · 4** In einer Urne sind 45 von 1 bis 45 nummerierte Kugeln. Mit welcher Wahrscheinlichkeit zieht man als erstes eine durch 2 und/oder durch 3 teilbare Nummer?

**1 · 5** In einer Klasse sind 14 Mädchen und 16 Jungen. Durch Losentscheid werden vier Kinder zufällig ausgewählt. Simuliere passend.

**1 · 6** In einer Urne sind eine goldene Kugel sowie drei weiße und zwei rote Kugeln. Es werden zwei Kugeln „ohne Zurücklegen" gezogen. Gib P(„Die Kugeln sind gleichfarbig") an.

| | 1 | 2 | 3 | 4 | 5 | 6 |
|---|---|---|---|---|---|---|
| 6 | | | | dŽoker — Kroatisch / Serbisch | | |
| 5 | | | JOKER — Englisch | | | |
| 4 | | | | | | COMODIN — Spanisch |
| 3 | | JOLLY — Italienisch | | | | |
| 2 | | | | COKER — Türkisch | | |
| 1 | IOCULATOR — Lateinisch | | | | | |

# Wenn du Hilfe beim Thema Bedingte Wahrscheinlichkeit brauchst ...

## 15 Hilfe

Beispiele:

- Jakobs Spielfiguren sind rot. Er ist mit dem Würfeln an der Reihe.
  
  **a)** Mit welcher Wahrscheinlichkeit kann er die gelbe Spielfigur (Pfeil) schlagen?
  
  **b)** Mit welcher (bedingten) Wahrscheinlichkeit kann er die gelbe Spielfigur (Pfeil) schlagen, wenn er „herauskommt"?

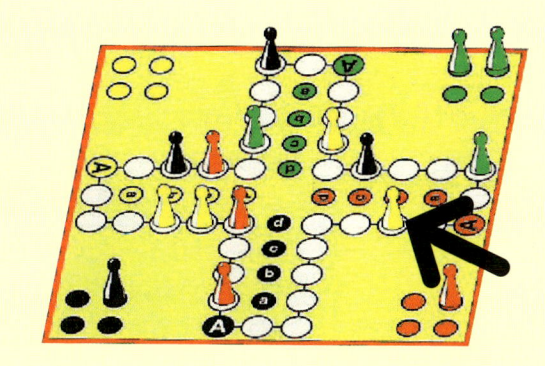

Lösung:

**a)** Hinweis: Jakob darf höchstens dreimal versuchen, eine Sechs zu werfen, um „herauszukommen".

$$P(\text{„Jakob schlägt die gelbe Spielfigur (Pfeil)"}) = \frac{1}{6} \cdot \frac{1}{6} + \frac{5}{6} \cdot \frac{1}{6} \cdot \frac{1}{6} + \frac{5}{6} \cdot \frac{5}{6} \cdot \frac{1}{6} \cdot \frac{1}{6} = \frac{91}{1296} \approx 7{,}0\ \%.$$

**b)** $P(\text{„Jakob schlägt die gelbe Spielfigur (Pfeil), nachdem er ‚herausgekommen' ist"}) = \frac{1}{6} \approx 16{,}7\ \%$

- Untersuche mit Hilfe der Vierfeldertafel, ob die Ereignisse A und B voneinander abhängig sind.

Lösung:

$P(A) = 0{,}60$; $P(B) = 0{,}20$; $P(A) \cdot P(B) = 0{,}60 \cdot 0{,}20 = 0{,}12$

$P(A \cap B) = 0{,}12 = P(A) \cdot P(B)$

Die Ereignisse A und B sind also voneinander unabhängig, da $P(A \cap B) = P(A) \cdot P(B)$ ist.

|   | A | $\bar{A}$ |   |
|---|---|---|---|
| B | 0,12 | 0,08 | 0,20 |
| $\bar{B}$ | 0,48 | 0,32 | 0,80 |
|   | 0,60 | 0,40 | 1,00 |

*Viel Spaß und Erfolg beim Bingo-Blatt 15!*

## 15 — Bedingte Wahrscheinlichkeit – Unabhängigkeit

**6**

Es überschreiten 8 % der Pkw-Fahrer die zulässige Höchstgeschwindigkeit; die Polizei kontrolliert mit 20 % Wahrscheinlichkeit. Was bedeutet $P(A) = 0{,}08 \cdot 0{,}2$?

Eine L-Münze wird dreimal geworfen. Untersuche, ob die Ereignisse $E_1$ („‚Zahl' beim zweiten Wurf") und $E_2$ („Genau zweimal hintereinander ‚Zahl'") voneinander abhängig sind.

Sophie zieht zwei Lose. A: „Das erste Los ist ein Treffer" B: „Das zweite Los ist kein Treffer" Was bedeutet $P_A(B)$?

džoker

Ein L-Spielwürfel wird zweimal geworfen. Wie groß ist die (bedingte) Wahrscheinlichkeit, dass der Augensummenwert 7 ist, wenn beim ersten Wurf 3 geworfen wurde?

Ein L-Spielwürfel wird zweimal geworfen. Wie groß ist die (bedingte) Wahrscheinlichkeit, dass der Augensummenwert kleiner als 7 ist, wenn beim ersten Wurf 3 geworfen wurde?

**5**

Es überschreiten 8 % der Pkw-Fahrer die zulässige Höchstgeschwindigkeit; die Polizei kontrolliert mit 20 % Wahrscheinlichkeit. Was bedeutet $P(B) = 0{,}92^{15} \cdot 0{,}08^{5}$?

Gib $P_A(B)$ an.

|  | A | Ā |  |
|---|---|---|---|
| B | 0,25 | 0,31 | 0,56 |
| B̄ | 0,11 | 0,33 | 0,44 |
|  | 0,36 | 0,64 | 1 |

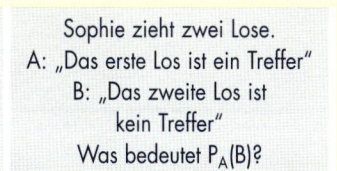

JOKER

Nenne zwei miteinander unvereinbare Ereignisse.

Ergänze die Vierfeldertafel

|  | A | Ā |  |
|---|---|---|---|
| B |  | 0,31 | 0,63 |
| B̄ | 0,18 |  |  |
|  |  |  | 1 |

und gib $P(A \cup \bar{B})$ an.

Gib eine passende Vierfeldertafel an, wenn $P_A(B) = \dfrac{0{,}27}{0{,}60}$ ist und die Ereignisse A und B voneinander unabhängig sind.

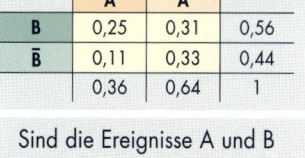

**4**

Gib $P(A \cap B)$ an.

|  | A | Ā |  |
|---|---|---|---|
| B | 0,25 | 0,31 | 0,56 |
| B̄ | 0,11 | 0,33 | 0,44 |
|  | 0,36 | 0,64 | 1 |

Lena muss drei Fußgängerampeln, die unabhängig voneinander geschaltet sind, passieren. Gib das Ereignis „Mindestens eine Ampel zeigt ‚Rot'" in Mengenschreibweise an.

Sophie zieht zwei Lose. A: „Das erste Los ist ein Treffer" B: „Das zweite Los ist kein Treffer" Was bedeutet $P_A(\bar{B})$?

Gib $P_B(A)$ an.

|  | A | Ā |  |
|---|---|---|---|
| B | 0,25 | 0,31 | 0,56 |
| B̄ | 0,11 | 0,33 | 0,44 |
|  | 0,36 | 0,64 | 1 |

Ergänze die Vierfeldertafel

|  | A | Ā |  |
|---|---|---|---|
| B |  |  |  |
| B̄ | 0,22 | 0,19 |  |
|  | 0,50 |  | 1 |

und gib $P(A \cup B)$ an.

COMODIN

**3**

Sind die Ereignisse A und B voneinander unabhängig?

|  | A | Ā |  |
|---|---|---|---|
| B | 0,25 | 0,31 | 0,56 |
| B̄ | 0,11 | 0,33 | 0,44 |
|  | 0,36 | 0,64 | 1 |

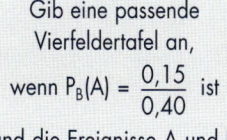

JOLLY

Gib eine passende Vierfeldertafel an, wenn $P_B(A) = \dfrac{0{,}15}{0{,}40}$ ist und die Ereignisse A und B voneinander unabhängig sind.

Gib $P(\bar{A} \cap B)$ an.

|  | A | Ā |  |
|---|---|---|---|
| B | 0,25 | 0,31 | 0,56 |
| B̄ | 0,11 | 0,33 | 0,44 |
|  | 0,36 | 0,64 | 1 |

Wie viele verschiedene Produkte aus je zwei ganzen Zahlen haben den Wert 30? Die erste Zahl soll dabei kleiner als die zweite sein.

In einer Lostrommel sind 250 Lose; von ihnen sind 100 Gewinnlose, davon ein Hauptgewinn. Laura hat ein Gewinnlos gezogen. Mit welcher Wahrscheinlichkeit ist es der Hauptgewinn?

**2**

Sind die Ereignisse A und B voneinander unabhängig?

|  | A | Ā |  |
|---|---|---|---|
| B | 0,12 | 0,18 | 0,30 |
| B̄ | 0,28 | 0,42 | 0,70 |
|  | 0,40 | 0,60 | 1 |

Lena muss drei Fußgängerampeln, die unabhängig voneinander geschaltet sind, passieren. Gib das Ereignis „Höchstens eine Ampel zeigt ‚Rot'" in Mengenschreibweise an.

Sind die Ereignisse Ā und B̄ voneinander unabhängig?

|  | A | Ā |  |
|---|---|---|---|
| B | 0,12 | 0,18 | 0,30 |
| B̄ | 0,28 | 0,42 | 0,70 |
|  | 0,40 | 0,60 | 1 |

Ergänze die Vierfeldertafel

|  | m | w |  |
|---|---|---|---|
| n ≤ 20 a | 0,10 | 0,12 |  |
| n > 20 a |  |  | (Hinweis: |
|  | 0,40 | 0,60 | n ≙ Alter) |

und finde einen Aufgabentext.

COKER

Ergänze die Vierfeldertafel

|  | m | w |  |
|---|---|---|---|
| G |  |  | 0,80 |
| Ḡ | 0,15 |  |  |
|  |  | 0,40 | 1 |

und finde einen Aufgabentext.

**1**

IOCULATOR

Ein L-Spielwürfel wird zweimal geworfen. Mit welcher (bedingten) Wahrscheinlichkeit ist die Augenanzahl beim zweiten Wurf 6, wenn sie beim ersten Wurf 6 war?

A und B sind voneinander unabhängige Ereignisse mit $P(A) = 0{,}2$ und $P(B) = 0{,}1$. Gib eine Vierfeldertafel an und berechne $P(A \cup B)$.

Ein L-Spielwürfel wird zweimal geworfen. Mit welcher (bedingten) Wahrscheinlichkeit ist die Augenanzahl beim zweiten Wurf 6, wenn sie beim ersten Wurf nicht 6 war?

Sophie wirft zwei Spielwürfel viermal. Mit welcher Wahrscheinlichkeit würfelt sie mindestens einen „Sechserpasch" (d. h. eine Doppelsechs)?

Wie viele verschiedene „Einbahnwege" führen von A nach B?

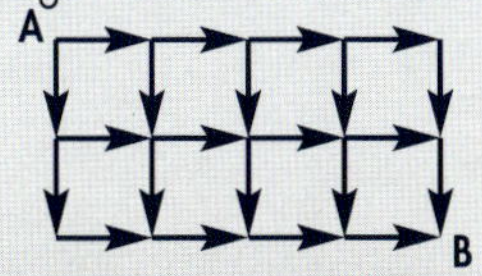

|   | 1 | 2 | 3 | 4 | 5 | 6 |
|---|---|---|---|---|---|---|
| 6 |   |   |   | džoker<br>Kroatisch / Serbisch |   |   |
| 5 |   |   | JOKER<br>Englisch |   |   |   |
| 4 |   |   |   |   |   | COMODIN<br>Spanisch |
| 3 |   | JOLLY<br>Italienisch |   |   |   |   |
| 2 |   |   |   |   | COKER<br>Türkisch |   |
| 1 | IOCULATOR<br>Lateinisch |   |   |   |   |   |

**Wenn du Hilfe beim Lösen des Wiederholungs-Bingos II brauchst ...**

# 16 Hilfe

Beispiele:

- Etwa 6 % aller Männer sind farbenblind. Wie groß ist die Wahrscheinlichkeit, dass unter 30 zufällig ausgewählten Männern mindestens einer farbenblind ist?
Lösung:
P(„Mindestens einer ist farbenblind") = 1 − P(„Keiner ist farbenblind") = 1 − $0{,}94^{30}$ = 84,374... % ≈ 84 %

- Ein L-Spielwürfel wird zweimal geworfen. Mit welcher Wahrscheinlichkeit ist die Augenanzahl weder beim ersten noch beim zweiten Wurf 1?
Lösung:
$P(\bar{1}\,\bar{1}) = \left(\frac{5}{6}\right)^2 \approx 69{,}4\,\%$

- Kathrin wirft einen L-Spielwürfel fünfmal. Mit welcher Wahrscheinlichkeit wirft sie dabei
  **a)** genau zweimal 1?
  **b)** genau beim ersten und beim fünften Wurf 1?
  **c)** nur beim fünften Wurf 1?

Lösung:
**a)** $P(\text{„Genau zweimal 1"}) = \binom{5}{2} \cdot \left(\frac{1}{6}\right)^2 \cdot \left(\frac{5}{6}\right)^3 \approx 16{,}1\,\%$

**b)** $P(\text{„Genau beim ersten und beim fünften Wurf 1"}) = \frac{1}{6} \cdot \left(\frac{5}{6}\right)^3 \cdot \frac{1}{6} \approx 1{,}6\,\%$

**c)** $P(\text{„Nur beim fünften Wurf 1"}) = \left(\frac{5}{6}\right)^4 \cdot \frac{1}{6} \approx 8{,}0\,\%$

Viel Spaß und Erfolg beim Bingo-Blatt 16!

# Wiederholung II — 16

## 6

**a:** „Kunde kauft abends ein"
Sind M und a unabhängig?

|   | Mann | Frau |      |
|---|------|------|------|
| a |      |      | 0,30 |
| ā |      | 0,25 |      |
|   | 0,50 |      |      |

Ein Automat erzeugt dreistellige Zufallszahlen, z.B. 017; dabei erscheint jede der 10 Ziffern mit gleicher Wahrscheinlichkeit. Ermittle P({111}).

Ein Automat erzeugt dreistellige Zufallszahlen, z.B. 017; dabei erscheint jede der 10 Ziffern mit gleicher Wahrscheinlichkeit. Ermittle P(„Die drei Ziffern sind verschieden").

*džoker*

Ein Automat erzeugt dreistellige Zufallszahlen, z.B. 017; dabei erscheint jede der 10 Ziffern mit gleicher Wahrscheinlichkeit. Ermittle P(„Die Zahl enthält keine 0").

Etwa 12 % der Bevölkerung sind Linkshänder. Wie groß ist die Wahrscheinlichkeit, dass unter sechs zufällig ausgewählten Personen mindestens ein Linkshänder ist?

## 5

Gib den Modalwert an:

| Note   | 1 | 2 | 3 | 4 | 5 | 6 |
|--------|---|---|---|---|---|---|
| Anzahl | 4 | 4 | 9 | 6 | 1 | 1 |

Berechne die Durchschnittsnote:

| Note   | 1 | 2 | 3 | 4 | 5 | 6 |
|--------|---|---|---|---|---|---|
| Anzahl | 4 | 4 | 9 | 6 | 1 | 1 |

*JOKER*

Laura wirft einen L-Spielwürfel 10-mal. Mit welcher Wahrscheinlichkeit wirft sie genau fünfmal dieselbe Primzahl?

Laura wirft einen L-Spielwürfel 10-mal. Mit welcher Wahrscheinlichkeit wirft sie nur beim ersten und beim zehnten Wurf eine 1?

Laura wirft einen L-Spielwürfel 10-mal. Mit welcher Wahrscheinlichkeit wirft sie genau zweimal eine 1?

## 4

Wie viele verschiedene Möglichkeiten gibt es, aus 20 Kindern zwei auszuwählen?

5 % der Cola-Flaschen sind schlecht gefüllt. In einem Kasten sind 20 Flaschen. Wie viele von ihnen sind im Mittel schlecht gefüllt?

Wie viele verschiedene Blumentöpfe sind nötig, damit du sie an jedem Tag eines Jahres in einer anderen Reihenfolge nebeneinander aufstellen kannst?

Wie viele verschiedene Produkte aus zwei natürlichen Zahlen haben den Wert 24? Gib sie alle an.

Ergänze die Vierfeldertafel

|   | A    | Ā    |      |
|---|------|------|------|
| B | 0,24 |      | 0,55 |
| B̄ |      |      |      |
|   |      | 0,65 | 1    |

*COMODIN*

## 3

Ungefähr 92 % der 82 Mio. Bürger kennen den Namen des Bundespräsidenten. Etwa wie viele Bürger kennen den Namen des Bundespräsidenten nicht?

*JOLLY*

Mit welcher Wahrscheinlichkeit ordnet Gregor „durch Raten" den Wissenschaftlerinnen Curie, Germain und Noether die Geburtsjahre 1776, 1867 und 1882 richtig zu?

Gib $P(\bar{A} \cap B)$ an.

|   | A    | Ā    |      |
|---|------|------|------|
| B | 0,12 | 0,36 | 0,48 |
| B̄ | 0,11 | 0,41 | 0,52 |
|   | 0,23 | 0,77 | 1    |

Pierre trifft beim Basketballspiel mit 80 % Sicherheit in den Korb. Er wirft fünfmal. Mit welcher Wahrscheinlichkeit trifft er genau einmal nicht in den Korb?

10 Patienten erhalten ein Medikament, das mit 60 % Wahrscheinlichkeit „hilft". Mit welcher Wahrscheinlichkeit bessert sich das Befinden aller 10 Patienten?

## 2

Du ziehst „blind" nacheinander zwei der Kärtchen

| 1 | 2 | 4 | 8 |
|---|---|---|---|

und legst das erste Kärtchen zurück, ehe du das zweite ziehst. Gib P({2; 2}) an.

Eine Urne enthält 20 von 1 bis 20 nummerierte Kugeln. Ben zieht zweimal je eine Kugel „mit Zurücklegen". In wie vielen Fällen ist der Summenwert größer als 36?

Pierre trifft beim Basketballspiel mit 80 % Sicherheit in den Korb. Er wirft zehnmal. Mit welcher Wahrscheinlichkeit trifft er genau siebenmal in den Korb?

Mit welcher Wahrscheinlichkeit ordnet Lena „durch Raten" den Mathematikern Fermat, Gauß und Leibniz die Geburtsjahre 1601, 1646 und 1777 richtig zu?

*COKER*

Wie ändert sich das arithmetische Mittel, wie der Median der Größen 56 kg; 45 kg; 50 kg; 60 kg; 54 kg; 51 kg und 48 kg, wenn du 45 kg durch 38 kg ersetzt?

## 1

*IOCULATOR*

Ben wirft einen L-Spielwürfel zweimal. Mit welcher (bedingten) Wahrscheinlichkeit wirft er beim zweiten Wurf 6, beim ersten jedoch nicht?

Ein L-Spielwürfel wird zweimal geworfen. Mit welcher Wahrscheinlichkeit ist die Summe der Augenanzahlen kleiner als 4?

Nenne mindestens drei Grundgesamtheiten, zu denen du gehörst.

Ein Medikament führt in 8 % der Anwendungen zu Nebenwirkungen. Mit welcher Wahrscheinlichkeit kommt es bei zehn Anwendungen nie zu Nebenwirkungen?

Mit welcher Wahrscheinlichkeit kommt Mary pünktlich zur Schule, wenn ihr Bus bei 12 % und die Metro bei 9 % aller Fahrten unpünktlich ist?

|   |   |   |   |   |   |
|---|---|---|---|---|---|
| 1 | 2 | 3 | 4 | 5 | 6 |

| | **1** | **2** | **3** | **4** | **5** | **6** |
|---|---|---|---|---|---|---|
| **6** | | | | džoker (Kroatisch/Serbisch) | | |
| **5** | | | JOKER (Englisch) | | | |
| **4** | | | | | | COMODIN (Spanisch) |
| **3** | | JOLLY (Italienisch) | | | | |
| **2** | | | | | COKER (Türkisch) | |
| **1** | IOCULATOR (Lateinisch) | | | | | |

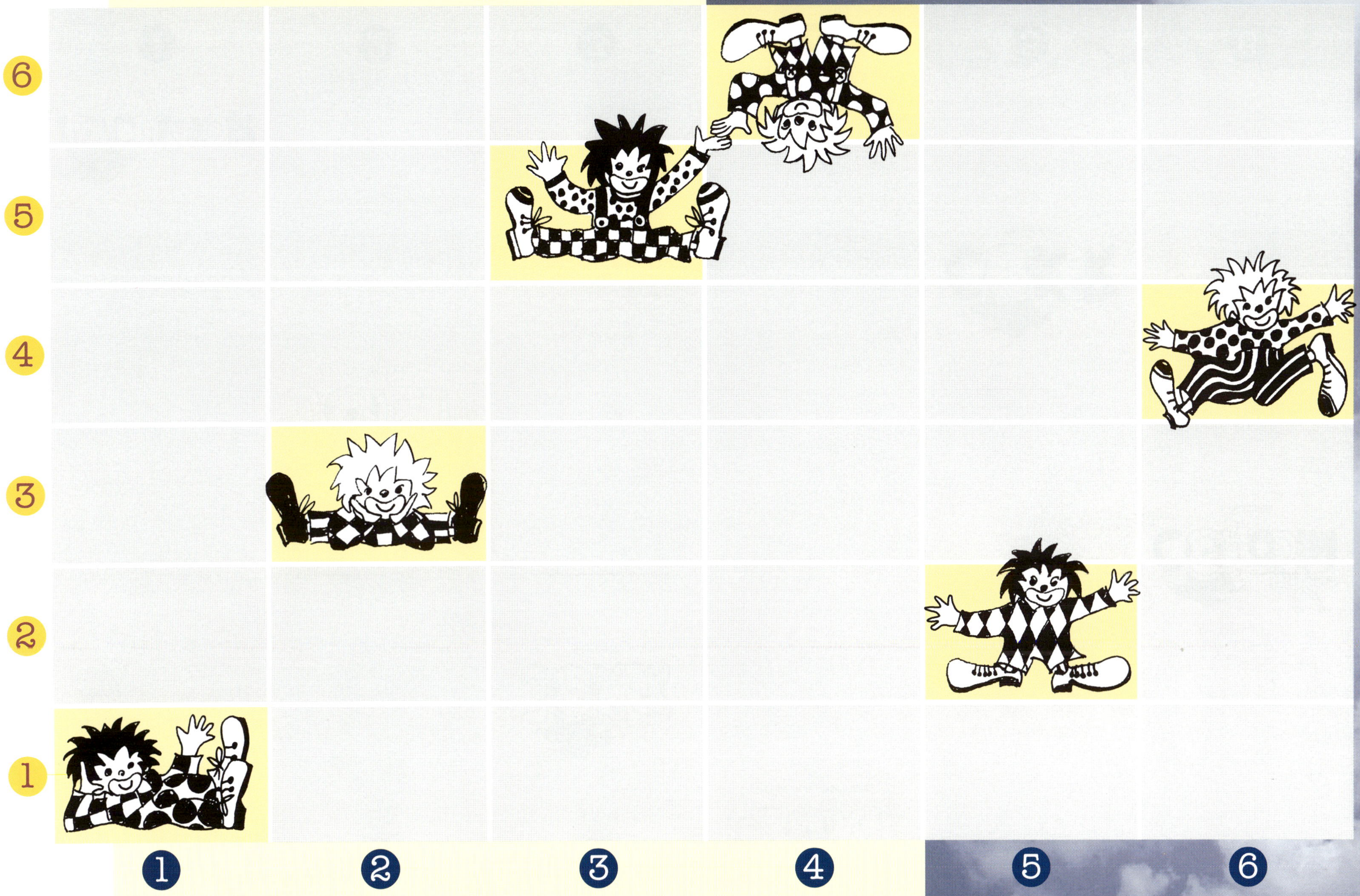
6
5
4
3
2
1
1
2
3
4
5
6

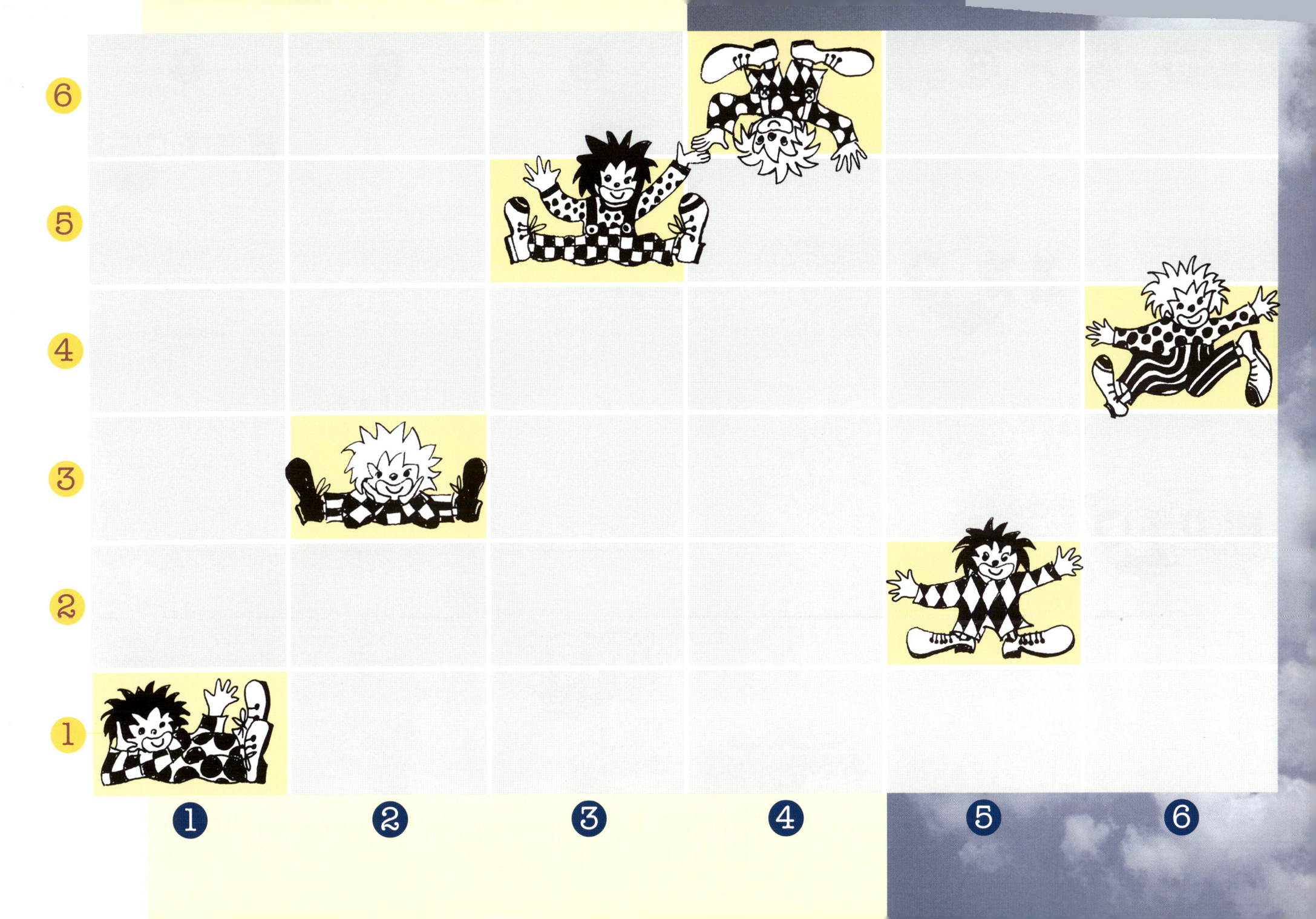

| | 1 | 2 | 3 | 4 | 5 | 6 |
|---|---|---|---|---|---|---|
| 1 | JOCULATOR *Lateinisch* | | | | | |
| 2 | | | | | JOKER *Türkisch* | |
| 3 | | JOLLY *Italienisch* | | | | |
| 4 | | | | | | COMODIN *Spanisch* |
| 5 | | | | JOKER *Englisch* | | |
| 6 | | | dzoker *Kroatisch / Serbisch* | | | |